아름다운 이름,

순장

말씀 안에 뿌리 내리고 사랑으로 열매 맺는 순장 리더십

배창돈 지음

국제제자훈련원

아이윤

추천사

œ怂 세상을 살아가면서 하나님이 주신 사명 중에 가장 어렵고 힘든 사역을 들라고 하면 그 하나가 순장 사역일 것이다. 그런데 평택대광교회 순장님들을 보면, 이 사역을 천직으로 여기고 묵묵히 헌신할 수 있게 한 뼈대가 무엇인가를 다시금 생각하게 된다. 결국 그것은 다름 아닌, 담임목사님의 순장들을 향한 사랑과 헌신이라는 답에 가닿는다.

이 책은 담임목사님의 그 사랑으로 주님 앞에 가장 영광스런 삶이 무엇인지를 가르쳐 줄 뿐만 아니라, 어떻게 헌신해야 할 것인지를 분명하게 제시하는 '순장 사역의 지침서'라 할 수 있다. 그렇기에 제자훈련하는 모든 교회의 교역자들과 순장들께 기쁜 마음으로 이 책을 추천한다!

강명옥 _ 사랑의교회 전도사, 훈련 사역부 책임자

œ怂 한 영혼을 천하보다 귀하게 여기시는 하나님 아버지의 마음처럼, 또 목자와 같은 심정으로 다락의 순원들을 섬기고 양육해야 하는 작은 목사 순장……. 이 책에서는 순

장의 자세와 리더십을 말씀과 저자의 산 경험을 토대로 생생히 제시한다. 특히 성경 속 섬김의 리더들을 깊이 있게 소개한다. 이 책을 통해 저자는 순장이 되고자 하는 성도들뿐만 아니라 이미 순장 사역을 감당하고 있는 성도들에게도 다시 한 번 자신을 되돌아보고 새롭게 가다듬을 수 있도록 돕는다. 올바른 순장 사역으로 인도하는 요긴한 길잡이 역할을 이 책이 감당할 것이라 믿는다. 순장, 그리고 예비 순장들에게 일독을 권하고 싶다.

김홍률_사랑의교회 남순장장

저자는 평신도들을 든든한 사역자로 만들기 위해 제자훈련에 평생을 헌신해 왔다. 그 오랜 경험을 바탕으로 그는 이 책에서 순장이 어떻게 섬겨야 하는지를 매우 구체적으로 서술하고 있다. 또한 목회자적인 관점에서도 순장이 가져야 할 자세를 심도 있게 다루고 있다. 좋은 순장과 공동체를 원하는 교회에 가장 탁월한 한 권의 의미 있는 '순장 매뉴얼'이다.

박정근_부산영안교회 담임목사, 국제제자훈련원 부원장

배창돈 목사님은 제자훈련으로 든든히 선 신실한 동역자다. 그는 영혼에 대한 열정을 통해 목회의 영광스러움과 동시에 그 값을 기꺼이 치르는 삶을 몸소 보이신 분이

다. 또한 바빠 돌아가는 목양의 현장에서도 시간을 쪼개어 저술 작업을 쉬지 않으신 덕택에 많은 목회자에게 저서들로 유익을 주셨다.

이번 책 『아름다운 이름, 순장』 역시도 한국 교회 평신도 지도력에 대한 새로운 도전과 지평을 열어 가리라 확신한다. 저자의 자연스러운 문장들을 따라가다 보면, 그의 경험에서 우러나오는 예리한 통찰력을 페이지마다 발견할 수 있을 것이다.

오정호 _ 새로남교회 담임목사, CAL-NET 전국 대표

ଔଔ 나 역시 아름다운 이름, 순장으로 20년째 하나님께 쓰임 받게 되어 정말 감사하다. 이 책은 우리 평택대광교회에서 입체적으로 일하시는 하나님의 능력을 경험한 성도들의 살아 있는 '현재진행형 이야기'다. 또한 교회의 존재 이유인 복음 전파와 제자훈련을 통해 건강한 교회를 세우고자 평생을 한결같이 달려온 한 목회자의 사역, 그 결실이 담긴 이야기이기도 하다. 혼란한 이 세대 가운데 한국 교회의 충성된 순장들이 주님의 손발이 되어 곳곳에서 수종을 드는 역사가 이 책을 통해 일어날 것을 기대한다.

한명숙 _ 평택대광교회 순장

머리말

오늘날 미국이 이토록 강력한 국력을 갖추게 된 배경에는 42세라는 젊은 나이에 미국 대통령이 된 테오도어 루즈벨트 Theodore Roosevelt의 탁월한 리더십이 있었다. 19세기를 마감하고 20세기를 맞이하는 첫 세대로서 그는 미국이 세계 무대로 당당히 진입하는 기초를 다지는 데 큰 역할을 했다.

그는 "개인과 국가가 말은 부드럽게 하되, 행동은 강력하게 할 때 많은 것을 얻어낼 수 있다"고 말했다. 당시는 영국이 세계를 호령하던 때였고, 누구도 감히 영국의 세력을 넘볼 수 없었다. 그때 루즈벨트는 미국에 세계적인 수준의 함대를 구축했다. 많은 사람들은 그의 이같은 결정을 비난했지만, 미리 구축한 그 함대들은 훗날 제1차 세계대전과 제2차 세계대전에서 미국이 세계 최강국의 위치로 오르는 데 결정적인 역할을 해냈다. 그는 미국인 최초로 노벨평화상을 받는 영예까지 차지했다. 지금까지도 루즈벨트는 미래를 준비하는 지도자의 대표적인 사례로 기억된다.

루즈벨트 대통령의 사례는 훌륭한 지도자가 왜 필요하고 좋은 리더십이 왜 중요한지를 잘 보여준다. 이는 교회 안에서도 마찬가지다.

순원이 좋은 리더십을 가진 순장을 만나, 좋은 평신도 지도자로 성장하여 하나님 나라를 위해 열심히 사역하는 경우를 많이 본다. 그들을 통해 교회가 건강해지고 하나님의 뜻을 이루는 교회가 된다면 교회의 머리되신 주님께서 얼마나 기뻐하시겠는가? 반대로 가능성 있는 순원이 순장을 잘못 만나서 성장하지 못하거나, 오히려 교회 사역의 방해꾼으로 전락한다면 이보다 안타까운 일은 없을 것이다.

교회가 사탄과의 영적인 전쟁에서 너끈히 이길 수 있는 길은 건강한 리더십을 가진 좋은 순장이 많을 때에 가능하다. 순장의 리더십이 주님의 뜻을 이루어 드릴 수 있음을 반드시 기억해야 한다. 주기도문을 가르쳐 주신 주님의 기도가 바로 우리 모두를 통해 이루어지기를 소원하자.

> "나라가 임하시오며 뜻이 하늘에서 이루어진 것 같이 땅에서도 이루어지이다"_ 마 6:10

추천사 … 5

머리말 … 8

서론 … 13

1. '좋은 순장'은? … 17
    1) 따르는 순장 2) 앞장서는 순장 3) 세워 주는 순장 4) 목적을 깨닫게 해 주는 순장 5) 하나님께 좋은 평가를 받게 하는 순장

2. 교회와 순장 … 35
    1) 교회가 그리스도의 몸임을 기억하라 2) 지체 의식을 가지라
    3) 머리되신 주님의 뜻을 따르라 4) 그리스도의 몸인 모든 교회를 사랑하라

3. 순장의 자세 … 51
    1) 충성된 자가 되라 2) 하나님께서 맡기신 사역임을 명심하라
    3) 하나님께서 주시는 힘으로 사역하라 4) 하나님 앞에서 살아가라
    5) 하나님의 시선과 일치시키라

4. 바울에게 배우는 순장의 자세 … 69
    1) 심방 2) 편지 3) 사랑의 기도 4) 말씀 안에 풍성히 거함 5) 성령에 민감함

5. 리더십을 이끄는 힘 … 85

1) 하나님 말씀을 경험하라 2) 매일 기도하라 3) 지속적으로 전도하라
4) 하나님의 마음을 흡족하게 해 드리는 예배자가 되라

6. 성경 속 섬김의 리더 … 99

1) 아브라함 2) 리브가 3) 요셉 4) 모세 5) 여호수아 6) 느헤미야
7) 예수님 8) 바울

7. 순장 리더십 … 131

1) 사랑하기 2) 담대하기 3) 칭찬과 격려 4) 비난 금지 5) 순원의 관심사
6) 자상함은 곧 감동 7) 미소 필수 8) 말할 때에 9) 순장이 잘못했을 때에
10) 순원의 입장 11) 기대하기 12) 솔직하게! 13) 교제의 시간 14) 기다
리기 15) 열심도 문제!

8. 바울이 자랑한 평신도 동역자 … 163

1) 에베네도 2) 마리아 3) 안드로니고와 유니아 4) 암블리아 5) 우르바노
와 스다구 6) 아벨레 7) 아리스도불로의 권속, 나깃수의 가족 8) 드루배
나와 드루보사 9) 버시 10) 루포와 그의 어머니

부록 … 183

순장서약서 | 자기 평가서

서론

하나님은 때를 따라 필요한 리더들, 예컨대 모세, 여호수아, 다윗, 에스더, 베드로, 바울 등을 선택하여 일하셨다. 그리고 근대에는 무디Dwight Lyman Moody, 존 웨슬리John Wesley와 같은 리더들을 통해서 주님의 크신 영향력을 보이셨다.

특히 바울은 수많은 평신도 리더들과 함께 사역했다. 그의 평신도 동역자들을 통해 복음의 영역은 확장되었고, 수많은 영혼들이 주님을 영접했다. 그들로 인하여 소아시아와 그리스, 그리고 로마에도 교회가 세워졌다. 이처럼 평신도들이 제 역할을 충실히 감당할 때, 교회는 더욱 부흥된다.

평신도 동역자, 순장은 먼저 자신이 주님의 제자인지부터 점검해봐야 한다. 진정한 제자라면 풍성한 열매로 주님을 흡족하게 해드릴 수 있어야 하기 때문이다.

"너희가 열매를 많이 맺으면 내 아버지께서 영광을 받으실 것이요 너희는 내 제자가 되리라"_ 요 15:8

그러나 참된 제자가 되지 못하면, 열심히 일해도 주님이 원하시는 열매를 맺지 못한다. 제자는 주님의 성품을 닮기 위해 노력하며, 영혼을 사랑하는 마음으로 영혼 구원에 깊은 열정을 가지게 된다. 그러므로 노력과 열정을 가진 제자는 교회와 세상에서 거룩한 영향력을 끼칠 수 있고, 나아가 주님이 원하시는 열매를 많이 맺을 수 있다.

순장은 사역 현장에서 도우시고 함께하시는 주님에 대한 확신을 가져야 한다. 오랫동안 교회에 나오지 않던 순원이 교회와 순모임에 나온 것을 보고 "이제는 죽어도 한이 없겠다"는 어느 순장의 말을 들은 적이 있다. 또 다른 순장은 끊임없이 문제를 일으키는 순원들을 보며 "순장만 하지 않으면 살 것 같다"고 말했다. 어떤 순장은 몇 명 되지 않는 순원들의 모습을 보며 "이제는 목사의 마음을 알 것 같다"고 말했다. 각기 다른 성장 배경, 다양한 성격을 가진 순장들이 그보다 더 다양한 순원들을 이끌어 가기란 결코 쉽지 않다. 모두가 성령 하나님의 도우심이 있기 때문에 할 수 있는 것이다.

1
'좋은 순장'은?

아이순

'좋은 순장'이란 어떤 순장일까?

자신이 어떤 순장인지 알고 싶다면, 어느 정도 시간이 지난 후에 자신의 순원들을 보면 된다.

간혹 어떤 순모임은 친목회 같은 분위기에 빠져 취미나 오락을 즐기기에만 치중하고 있기도 하다. 인간적인 결속력은 물론 순모임에서도 필요하다. 그러나 너무 지나친 나머지 주객이 전도된 채 그 모임에서 주님의 뜻을 찾아볼 수 없다면 위험하다.

순모임이 개개인의 유익을 위해 모여 교제하는 수준 정도에 머물러서는 안 된다. 순모임의 주관자는 하나님이다. 순장은 순원들이 살아 계신 하나님을 경험하도록 이끌어 주어야 한다. 하나님 말씀을 듣고 행함으로 살아 계신 하나님의 능력과 사랑을 경험하도록 해야 하는 것이다. 또한 기도를 통해 순원들이 응답받는 기도의 사람이 되도록 돕고, 순모임을 통해 지체 의식을 가지고 사랑의 교제가 이루어지도록 해야 한다.

순모임은 주장이 강한 특정 인물 한 사람에 의해 움직이는 모임이 아니다. 그렇기에 순장의 고집대로만 끌고 가서도 안 될 것이다. 순장의 역할을 바로 알고 순을 이끌도록 하자. 주님의 뜻을 잘 알고 제대로 따라 행해야만 좋은 순장이 될 수 있다.

1) 따르는 순장

성경에서 말하는 좋은 리더들 중 여호수아가 있다. 하나님은 모세의 뒤를 이어 이스라엘 백성을 가나안으로 인도하는 지도자로 여호수아를 선택하셨다. 이는 여호수아가 자신의 지도자였던 모세가 이끄는 방향대로 하나님의 뜻을 온전히 수행했기 때문이다. 여호수아는 모세의 가장 좋은 동역자가 되어 민족을 위해 헌신적으로 섬겼다. 그는 하나님이 세우신 지도자 모세의 권위에 순종하는 사람이었다. 때가 되자 하나님은 여호수아에게 고스란히 그 권위를 주셨다. 만약 여호수아가 순종하지 않는 반골 기질을 가지고 있었다면, 그는 모세의 뒤를 잇는 훌륭한 지도자가 될 수 없었을 것이다.

순종하는 리더십의 가장 좋은 모델은 역시 예수님이다. 예수님은 하나님께 온전히 순종함으로 영혼들을 구원하셨다. 하나님의 권위에 순종할 때 비로소 리더로서 다른 사람을 이끌 수 있음을 보이신 것이다.

다윗 역시 하나님의 권위에 잘 순종했던 탁월한 리더다. 그는 자신을 죽이려 혈안이 된 사울을 죽일 수 있었지만 그렇게 하지 않았다. 왜냐하면 비록 사울이 불의하게 행할지라도 그에게는 하나님이 주신 권위가 있었기 때문이다.

예수님을 비롯한 성경의 리더들처럼 순장은 그리스도의 몸인 교회의 권위와 주님이 세우신 교회 지도자의 권위를 인정할 수 있어야 한다. 또한 순장은 그리스도의 몸인 교회의 지체로서 맡은 역할을 잘 감당하는 일이 건강한 교회를 이루는 것이며, 그렇게 했을 때 그 유익이 바로 자신에게 되돌아온다는 사실을 알아야 한다.

황송하게도 주님은 우리를 자신 몸의 일부인 지체라고 표현하시며 우리에게 지극한 사랑과 기대를 나타내 보이셨다. 우리 역시 성도들과의 관계에서 이러한 지체 의식을 가질 때, 비로소 교회가 건강해지며 이 땅에 주님의 뜻을 이룰 수 있다. 자기가 그리스도의 몸된 교회의 지체임을 아는 순장은 자신의 기분에 따라 마음대로 행동하지 않는다. 오직 교회의 머리되신 주님의 뜻을 바라보며 순종한다.

2) 앞장서는 순장

영화 〈영광의 깃발 Glory, 1989〉은 미국 남북전쟁에서 벌어진

실화를 바탕으로 하고 있다. 이 영화는 부하들에게 존경 받는 백인 장교 로버트 굴드 쇼Robert Gould Shaw의 이야기를 담고 있다. 쇼는 새로 창설된 메사추세츠 54연대에서 흑인 병사들을 비롯한 여러 병사들을 훈련시키고 감독하는 역할이다. 훈련이 끝난 뒤 54연대는 사우스캐롤라이나의 와그너 요새를 공격한다. 쇼는 "제군들이 남자임을 보여 달라"고 외치며 선두에서 적진을 향해 돌격한다. 그날의 전투로 600여 명의 대원 중 절반이 부상을 당하고 포로가 되었으며, 앞장서서 부대원을 이끌었던 쇼는 요새를 앞에 두고 전사하고 만다. 부대원들은 목숨을 아끼지 않고 앞장섰던, 쇼에게 존경심을 보냈다. 살아남은 부대원들은 쇼의 죽음을 가슴에 담고 임전무퇴의 정신으로 싸울 각오를 한다.

로버트 굴드 쇼가 보여준 리더십은 우리에게 시사하는 바가 크다. 그 중심에 '신뢰'가 있다. 순원들을 이끌어야 하는 순장은 신뢰를 받아야 한다. 신뢰 받기 위해서는 앞장서서 모범을 보여야 한다. 모범을 보이지 않고 말로 지시하기만 한다면 신뢰 받는 리더가 될 수 없다.

어떤 순원이 순장에 대해 불평을 했다. 서로 돌아가면서 집을 방문해 순모임을 하는데, 정작 순장은 본인의 집에서 모이기를 꺼린다는 것이었다. 그리고 순원들보다도 오히려 대접하는 것에 인색하다는 것이었다. 물론, 순장의 개인적 사정이 있을 수도 있겠지만 늘 이런 모습만 보이는 순장이라면 순원을 잘 이끌 수가 없게 된다.

대부분의 순원들이 순장에게 감동하는 것은 순장이 앞장서서 모범을 보이기 때문이다. 순원은 순장을 보고 배운다. 참 놀랍게도 순장의 모습을 그대로 닮아가기까지 한다. 물질로 잘 섬기는 순장의 순원들은 물질로 잘 섬긴다. 순원들을 위해 간절히 기도하는 순장의 모습, 영혼을 사랑해서 섬기며 전도하는 순장의 모습, 순원을 자기 가족처럼 자상하게 보살피는 순장의 모습 등은 순원들의 마음에 각인되어 그들의 삶에서도 고스란히 드러나게 된다.

행하지 않는 자의 말에는 능력이 없다. 물론, 그 결과도 빈약하다. 주님은 모양만 가지고 있는 것을 싫어하신다. 우리가 행함의 능력이 있는 리더가 되기를 원하신다.

3) 세워 주는 순장

'로라Laura'라는 간호사가 있었다. 로라가 담당하는 환자 중에는 심각한 정신질환증을 앓고 있는 한 여자가 있었다. 로라는 그녀에게 매일 찾아가서 "God loves you"라고 말했지만 그녀는 아무런 반응을 보이지 않았다. 그럼에도 로라는 6개월 동안 만날 때마다 그녀의 귀에 대고 "God loves you"라고 속삭였다. 어느 날 그 환자가 외쳤다.

"하나님이 나를 사랑하신다고요? 말도 안 돼요!"

드디어 반응을 보인 것이다. 이 말을 들은 로라는 그녀에게 요한복음 3장 16절 '하나님이 세상을 이처럼 사랑하사 독생자를 주셨으니 이는 그를 믿는 자마다 멸망하지 않고 영생을 얻게 하려 하심이라'는 말씀을 전했고, 그 순간 그녀의 꽉 막힌 마음이 열렸다. 그리고 그녀는 마침내 예수님을 구주로 영접했다. 놀라운 변화였다. 어떤 것에도 아무 반응을 보이지 않던 정신질환 환자가 하나님의 사랑을 받아들인 것이다. 이후 그녀의 병세는 놀라울 정도로 회복되었다.

건강을 되찾은 그녀는 어느 날, 시력과 청각 모두에 장애가 있는 아이의 가정교사를 구한다는 광고를 보았다. 그러고는 시카고에서 앨라배마 시골까지 며칠을 걸려 찾아갔다. 그녀는 거기서 헬렌 켈러Helen A. Keller라는 여섯 살짜리 아이를 가르치게 되었다. 그렇다. 그녀가 바로 헌신적인 섬김과 교육으로 모든 사람을 감동시킨 앤 설리번Ann Sullivan이다. 앤이 헬렌 켈러에게 처음 '물Water'이라는 한 단어를 가르치는 데에만 6개월이 넘게 걸렸지만 그녀는 결코 포기하지 않았다. 앤 설리번의 헌신적인 노력의 결과로 헬렌 켈러는 맹농아로서는 세계 최초로 대학교육을 받은 저술가요, 사회사업가로 전 세계 장애우들에게 뜨거운 희망을 심어 주었다.

이 놀라운 결과는 간호사 로라의 섬김과 앤 설리번의 리더십에서 비롯된 것이다. 비록 보잘것없어 보이는 섬김일지라도 그 결과는 기대 이상의 것을 낳을 수 있음을 기억해야 한다.

이런 점에서 순장이 명심해야 할 것은, 순원들이 예수님의 은혜를 경험하도록 도와야 한다는 사실이다. 예수님을 인격적으로 영접하지 못한 자에게는 예수님을 믿도록 도와주고, 구원의 확신이 없는 자에게는 복음을 다시 전해야 할 것이다.

예수님이 계시던 시대, 멸시를 받으며 살아가던 죄인과 창녀, 그리고 세리들은 예수님을 만나면서 용기를 얻었다. 병든 자들도 마찬가지였다. 사랑과 섬김의 자세로 사람을 만났던 예수님은 가시는 곳마다 용기를 주시고 세워 주셨다. 삭개오처럼 세상 사람들에게 멸시를 받아 삶의 자신감을 잃었던 자도 예수님을 만나서 새로운 삶을 살 수 있었다. 예수님을 만난 자들은 놀랍게 변해 갔다. 우울증에 걸린 사람은 기쁨과 감격으로 감사의 삶을 살게 되었으며, 그동안 잠자고 있던 재능이 깨어나 귀한 곳에 쓰임 받기 시작했다.

예수님의 열두 제자들은 대부분 하잘것없어 보이는 사람들이었다. 그러나 예수님을 만나자 그들은 놀라운 변화를 겪으며 세상 사람들에게 용기를 주는 사람, 꿈을 심어 주는 사람이 되었다. 베드로와 요한이 만났던, 성전 미문의 못 걷게 된 이를 기억하는가? 마음은 물론 육신 또한 병든 채 평생 성전 문 앞에서 구걸하며 살 수밖에 없었던 그가 새 삶을 살기 시작했다.

이처럼 예수님은 언제나 삶의 용기를 주셨음을 기억하자.

예수님이 하셨던 것처럼 순장들도 순원을 세워 주는 자가 되어야 한다.

4) 목적을 깨닫게 해 주는 순장

열심히 사는 사람들은 많다. 하지만 그들에게 왜 그렇게 열심히 사는지 묻는다면 대부분의 사람들은 이렇게 대답한다.
"부와 명예를 얻어 행복한 삶을 살기 위해서"
그러나 믿음의 사람은 이렇게 자신의 이익만을 추구하는 데 목적을 두고 살아서는 안 된다. 특히 순장들은 부름 받은 자로서 소명 의식을 가져야 한다. 한 영혼을 세워 주님의 일꾼이 되도록 양육하는 일, 그 분명한 목적을 가지고 섬겨야 한다. 그런 순장의 모습을 볼 때, 순원들이 순장을 본받아 목적 있는 삶을 살게 되는 것이다.
예수님은 우리를 죄로부터 구해 내기 위해 자신의 목숨까지 주셨다.

> "인자가 온 것은 섬김을 받으려 함이 아니라 도리어 섬기려 하고 자기 목숨을 많은 사람의 대속물로 주려 함이니라"_ 마 20:28

예수님을 만난 사도 바울 역시 삶의 목표를 발견하고 그

가치 있는 목적을 향해 달렸다. 그리고 마침내 멋있게 세상을 살아 내었다고 당당하게 고백했다.

> "나는 선한 싸움을 싸우고 나의 달려갈 길을 마치고 믿음을 지켰으니 이제 후로는 나를 위하여 의의 면류관이 예비되었으므로 주 곧 의로우신 재판장이 그날에 내게 주실 것이며 내게만 아니라 주의 나타나심을 사모하는 모든 자에게도니라"
> _ 딤후 4:7-8

이 땅에 존재하는 모든 것들에는 이유와 목적이 있다. 하물며 하나님의 형상으로 지음 받은 인간에게 목적이 없겠는가? 각자 자신의 위치에서 하나님의 영광을 위해 살 수 있도록, 그를 돕는 자가 순장임을 기억해야 한다.

> "그런즉 너희가 먹든지 마시든지 무엇을 하든지 다 하나님의 영광을 위하여 하라"_ 고전 10:31

5) 하나님께 좋은 평가를 받게 하는 순장

순장의 섬김은 순원들에게 좋은 영향력으로 나타난다. 만약 순장이 섬기기보다 스스로 섬김 받기를 원하고 자신의 직분을 내세우기만 한다면 순원들에게 결코 좋은 영향을 주지 못할 것이다. 순원들은 순장의 신앙 상태와 방식까지도 영향을 받는다. 그러므로 순장은 하나님 앞에서 더욱 진실 되게 행해야 한다.

순장 역시 평범한 존재다. 당연히 약한 부분도 있고 내놓기에 부끄러운 부분도 있다. 그렇다고 자신을 특별한 존재인 것처럼 과장하거나 꾸민다면 그 역시 좋은 순장이 될 수 없다. 당연히 순원들에게 줄 수 있는 좋은 영향력도 미약할 수밖에 없다. 자신에게 약점과 부족한 부분이 많을지라도 순장은 날마다 자기를 쳐서 말씀에 복종시키며 성장하는 모습을 보여주어야 한다. 순장이 자신의 약점을 경건 생활을 통하여 극복해 가는 모습을 보일 때, 순원들은 살아 계신 하나님의 능력을 확신하고 그들 역시 경건 생활을 시작하게 될 것이다. 그런 순장 아래에서 성장한 순원들은 올곧고 건강한 믿음을 가지게 마련이다.

사도 바울 역시 끊임없는 경건 생활로 자신을 지키려 애쓴 사람이었다. 그의 이런 노력은 자신뿐 아니라 많은 사람들에게 좋은 영향력을 주었다.

"망령되고 허탄한 신화를 버리고 경건에 이르도록 네 자신을 연단하라"_ 딤전 4:7

인생에서 가장 중요한 평가는 하나님께 받는 최종 평가다. 그날에 순원들을 옳은 길로 인도해낸 것으로 칭찬받는 순장이 되어야 한다. 매사 긍정적인 영향력으로 순원들에게 기쁨이 되고, 하나님을 기쁘게 해 드리는 좋은 순장이 되도록 소원하고 노력해야 할 것이다.

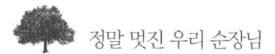

사랑, 순종, 몸소 보여주셨죠!

정경미

그분들을 처음 뵌 것은, '교회'는 전혀 생각하지도 못하고 그저 두 아이를 기르며 살아가기 바쁘던 때였습니다. 어디에 사냐고 묻기에, 설마 30분이나 떨어져 있는 곳에 올까 싶어 주소를 가르쳐 드렸습니다. 그런데 그분들은 그 멀리 떨어진 저희 집에 사흘이 멀다 하고 찾아오셨습니다. 아무도 없는 척해 보기도 하고, 문도 열어 주지 않고 돌아가라고 이야기한 적이 수십 차례였지만 그분들은 아랑곳하지 않고 저를 찾아 오셨습니다.

그렇게 끈질긴 전도 끝에 저는 결국 대광교회에 나오게 되었습니다. 그리고 새가족반에서 하나님의 말씀을 통해 예수님을 구주로 영접하고 하나님의 자녀가 되는 축복을 받았습니다. 이후 저는 감사하게도 저를 전도하신 순장님의 순원이 되었습니다. 세 살, 다섯 살짜리 두 아이를 데리고 다니기가 처음에는 힘겨웠지만 곧 순모임이 있는 금요일을 몹시 기다리게 되었습니다.

성경 찾기가 익숙하지 않아 순모임 이전에 교재를 미리 예습하며 순장님의 말씀을 한마디도 놓치지 않으려고 노력했습니다. 처음으로 신앙생활을 하는 제게 순장님은 전도자 이상으로 영적 본이 되어 주셨습니다. 순모임 시간마다 순장님을 통해 하나님이 주시는 말씀은 저의 영과 육을 찔러 쪼개었고, 회심하지 않고는 견딜 수 없게 만들었습니다.

몇 해 전, 그날도 순모임에서 나눈 말씀이 제 마음을 파고들었습니다. 죄에 대한 내용이었는데, 결혼 전의 추한 과거가 생각나서 견딜 수가 없었습니다.

결혼 전, 어느 한 개인병원에서 일했던 저는 그곳에서 공금 횡령을 티 안 나게 조금씩 한 적이 있었습니다. 그런데 그날 순모임 시간, 순장님의 음성은 제 마음을 두방망이질 치게 하셨습니다. 그 다음날 저는 바로 친정인 인천에 올라가, 다니던 병원 원장님께 지난 일을 사죄하며 그에 상응하는 금액에 좀 더 보태어 드리고 내려왔습니다. '사랑의교회'에 다니고 계시는 원장님은 저의 고백을 들으시고는 한사코 받지 않겠다고 사양하셨지만, 간곡히 전해 드리고 오는데 마음속 깊은 곳에서부터 상쾌한 바람이 불어옴을 느꼈습니다. 지금 생각해도 그때 그 바람을 잊을 수가 없습니다. 그 일 이후, 원장님과는 지금까지 연락하고 지내고 있으며 제가 대광교회에서 전도폭발훈련과 제자훈련을 받고 믿음이 조금씩 자라는 모습에 흐뭇해 하십니다.

저는 결혼 후 시댁 식구에게 무척 못되게 굴었습니다. 심지어 가까이에 살고 있는 큰집 식구들이 올라치면, 자고 가지 못하도록 우리 부부와 부모님 이불만 달랑 준비했었습니다. 그러던 제가 순모임에서 시댁 식구 또한 사랑해야 한다는 말씀을 듣게 되었습니다. 순장님은 가까이 있는 식구들 특히 시댁 식구를 진정으로 사랑해야 한다고 하셨습니다. 물론, 평소에도 이미 머리로는 알고 있었지만 그날 순모임 때 순장님의 말씀은 저를 더욱 부끄럽게 했습니다. 그래서 순모임이 끝나자마자 송탄에 있는 형님께 찾아가 그동안 미안했다며 용서를 구했습니다. 한동안 우리는 서로를 꼭 안은 채 울었습니다.

남을 깔보고 우습게만 여기던 제가 이렇게 바뀔 줄은 저도 몰랐습니다. 요즘 친구들은 변한 저에 대해 말들이 많습니다. 어떻게 저렇게 바뀔 수가 있느냐고 말입니다. 주님 말씀 안에서 바르게 가르쳐 주신 순장님이 없었다면 처음 신앙생활을 시작한 저는 그런 순종을 감히 시도하지도 못했을 것입니다.

순모임 예배를 드린 지 1년 정도가 지났을 무렵입니다. 순장님과 순원들이 수요 예배 때 받았다는 은혜를 전해 들으면서, 저도 자연스럽게 수요 예배를 사모하게 되었습니다. 그때부터 수요 예배를 함께 드리게 되었습니다. 순장님이 항상 예배의 축복과 예배의 중요성을 말씀하셨기 때문입니다. 순장님이 영적 리더가 되고 순원 한 명 한 명이 한몸의 지체가 되어 작은 교회를 이룬다는 말씀을 직접 느끼고 체험하는 귀한 시간들이었습니다.

순장님은 기도와 섬김에서도 몸소 모범을 보여주셨습니다. 새벽 기도에 하루도 빠지지 않고 나가시는 것이 신기했습니다. 힘들지 않느냐고 여쭈었을 때 순장님은 처음에는 힘들지만 사모하는 마음이 생기면 일어나기가 쉬워진다고 하셨습니다. 순장님을 보면서 자란 저 또한 지금은 매일 새벽을 깨우는 기도의 사람이 되었습니다.

순모임에 들어간 지 얼마 되지 않아 순장님이 월요일마다 대예배당을 청소하며 봉사하신다는 것을 알게 되었고, 저도 대예배당 청소를 함께 시작했습니다. 나중에 알고 보니 순장님은 15년이 넘게 한결같이 청소 봉사를 하셨습니다. 눈에 띄지 않는 일을 10여 년 넘게 섬기는 일은 결코 쉬운 일이 아니기에 더욱 순장님이 놀라웠습니다. 저 또한 이를 본받아 변함없이 섬겨야겠다는 다짐을 하게 되었습니다.

제자훈련 첫 수련회를 가기 전날 순장님은 새벽 예배 후 조용히 다가와 맛있는 것 사먹으라며 봉투에 용돈을 넣어 주셨습니다. 사양하는 제게 다정히 웃으시며 봉투를 한사코 건네시던 모습을 잊을 수 없습니다. 그 후로도 제자훈련 수련회나 수료 여행을 갈 때마다 역시 용돈을 제게 주셨습니다. 아주 세밀한 것까지도 놓치지 않으시고 친정 엄마처럼 챙겨 주시는 순장님 때문에 그 새벽 기도 내내 엉엉 울면서 기도했습니다. 피 한 방울 섞이지도 않은 남인데, 주 안에서 만나니 뜨거운 가족이 되었습니다. 순장님께 받은 이 섬김을 내 전도 대상자에게, 내 순원에게도 그대로 섬기려고 애쓰고 있습니다.

이제 저도 순장으로 파송된 지 몇 달이 되어 갑니다. 순원 때문에 울기도 하고 가슴 벅차기도 합니다. 여전히 너무도 부족한 저이기에 선배 순장님들의 모습을 보면 부럽기만 합니다. 처음 교회에 나와 아무것도 모르던 제게 순종이 무엇인지, 그리스도인으로 사는 것이 어떤 것인지 몸소 보여주신 순장님처럼, 저도 제 순원들에게 삶에 자연스럽게 녹아 있는 그리스도인의 모습을 보여 줄 수 있을지가 거룩한 부담으로 다가옵니다.

이 모든 것이 하나님의 인도하심이며 은혜입니다. 이제는 저도 한 사람의 동역자가 되었습니다. 제가 배운 대로 더하지도 덜하지도 말고 순종하며 주님의 일을 하며 살려 합니다.

6년 전 저의 문전박대에도 한 영혼을 사랑하는 마음으로 포기하지 않고 찾아오셨던 순장님처럼, 저도 또 다른 나와 같은 이들을 찾아 나갈 것입니다.

이 모든 영광을 하나님께 돌립니다.

그런즉 너희가 먹든지 마시든지 무엇을 하든지 다 하나님의 영광을 위하여 하라
_고전 10:31

2
교회와 순장

아이쿤

"이제 지체는 많으나 몸은 하나라 눈이 손더러 내가 너를 쓸 데가 없다 하거나 또한 머리가 발더러 내가 너를 쓸 데가 없다 하지 못하리라 그뿐 아니라 더 약하게 보이는 몸의 지체가 도리어 요긴하고 우리가 몸의 덜 귀히 여기는 그것들을 더욱 귀한 것들로 입혀 주며 우리의 아름답지 못한 지체는 더욱 아름다운 것을 얻느니라 그런즉 우리의 아름다운 지체는 그럴 필요가 없느니라 오직 하나님이 몸을 고르게 하여 부족한 지체에게 귀중함을 더하사 몸 가운데서 분쟁이 없고 오직 여러 지체가 서로 같이 돌보게 하셨느니라 만일 한 지체가 고통을 받으면 모든 지체가 함께 고통을 받고 한 지체가 영광을 얻으면 모든 지체가 함께 즐거워하느니라 너희는 그리스도의 몸이요 지체의 각 부분이라"_ 고전 12:20-27

순장은 목사와 마음을 같이하여 교회를 섬기는 작은 목사다. 그러므로 순장은 바른 교회관을 가지고 있어야 한다. 교회가 무엇인지 모르면 순장의 역할을 제대로 감당할 수 없을 뿐 아니라, 바른 교회를 세우는 데 걸림돌이 되어 하나님의 뜻을 이루어 드릴 수 없기 때문이다.

1) 교회가 그리스도의 몸임을 기억하라

순장은 먼저 교회가 그리스도의 몸임을 기억해야 한다. 그리고 마땅히 그리스도의 몸인 교회를 사랑해야 한다. 우리가 자신의 몸을 얼마나 지극히 사랑하는가? 그렇다면 우리를 위해 십자가에 못 박혀 죽기까지 사랑하신 그리스도의 몸인 교회는 어떻게 사랑해야겠는가?

교회의 모든 직분은 교회가 교회로서의 역할을 잘 감당하도록 주신 것임을 기억해야 한다. 에베소서 4장 11-12절을 보면 이 사실을 분명하게 알 수 있다.

> "그가 어떤 사람은 사도로, 어떤 사람은 선지자로, 어떤 사람은 복음 전하는 자로, 어떤 사람은 목사와 교사로 삼으셨으니 이는 성도를 온전하게 하여 봉사의 일을 하게 하며 그리스도의 몸을 세우려 하심이라"

교회가 교회의 역할을 감당하도록 하기 위해 부여된 직분을 마치 벼슬과 같이 여기거나 자신이 인정받기 위한 수단으로 생각한다면, 그것은 자기중심적인 생각에만 사로잡혀 있는 것이다. 순장 한 사람의 섬김을 통해 순원이 성장해 주님의 동역자로 세워져 갈 때, 비로소 그리스도의 몸인 교회가 건강한 교회가 되어 이 땅에 주님의 뜻을 바로 세울 수 있다.

2) 지체 의식을 가지라

지체란 사람의 모든 신체 기관을 말한다. 지체란 따로 독립하여서는 존재할 수 없는 유기체다. 그래서 예수님은 우리를 자신의 몸의 일부, 지체라 하셨다. 우리가 우리 몸의 한 부분인 지체를 얼마나 사랑하는지 생각해 본다면, 주님이 지체된 우리를 얼마나 사랑하시는지 더 잘 알 수 있을 것이다.

오른발이 아파서 제 역할을 못할 때 당연히 왼발이 오른발 대신 두 배의 역할을 감당한다. 지체는 약한 지체를 탓하거나 내몰지 않는다. 무조건 사랑하고 이해한다. 지체는 다른 지체를 향해 자신의 우월함을 자랑하고 무시하지 않는다. 그리고 약하게 보이는 부분도 때에 따라 분명히 요긴하고 귀함을 인정한다. 또한 지체는 다른 여러 지체를 도와준다. 다른 지체가 고통을 받으면 함께 아파하고, 다른 지체가 영광을 얻으면 함께 기뻐한다. 그리고 지체는 어떤 경우에도 서로 분쟁하지 않는다. 그저 이해하고 용서하고 사랑할 뿐이다.

주님이 우리를 지체의 한 부분으로 인정하시고 지극히 사랑하심을 기억한다면, 우리도 다른 지체를 주님과 같은 마음으로 사랑하고 이해해야 한다. 지체가 다른 지체를 사랑하는 데에는 특별한 이유가 없다. 무조건 사랑해야 한다. 지체 의식이란 어떻게 보면 가족애보다 더 강한 사랑을 요구하는 것이다. 지체 의식을 가지고 다른 지체를 사랑할 때, 교회와 순모임은 살아 있는 공동체로 거듭날 수 있을 것이다.

3) 머리되신 주님의 뜻에 따르라

안타까운 현실이지만 오늘날 교회 안에는 직분자임에도 예수님을 구주로 영접하지 않거나, 영적으로 어린아이 수준에 머물러 있는 자들이 많다. 이들은 주님의 뜻보다는 자신의 욕심이나 세상의 이론과 요구를 가지고 목소리를 높인다. 이런 실정이기에 많은 교회가 교회의 역할을 제대로 감당해 내지 못한다.

그러므로 교회가 교회 되기 위해서 먼저 순장들이 지체의 역할을 잘 감당해야 한다. 다시 말해 지체인 우리는 교회의 머리되신 주님의 뜻에 무조건 순종해야 한다. 지체가 머리의 뜻을 무시하거나 마음대로 행동한다면, 하나의 몸인 교회는 제 역할을 할 수 없을 것이다. 또한 순장이 성도들 자신이 그리스도의 몸된 교회의 지체가 되었음을 알도록 돕지 못한다면, 그들이 하나 되지 못하여 각자의 이해관계나 이익을 위해 당을 짓고 서로 다툴 수밖에 없을 것이다. 교회는 예수님을 구주로 영접한 성도들의 모임이다. 모두가 가장 먼저 우리 안에 계신 주님의 뜻을 물어야 한다.

오늘날 많은 교회들이 홍역을 앓고 있다. 교회에서 회의 때만 되면 자신의 주장을 내세우고, 각자의 법을 내세워 주님의 뜻을 짓밟는 자들이 많다고 한다. 머리되신 주님의 뜻을 헤아리지 않는 교회는 복음을 제대로 전할 수 없다. 우리 주님은 이런 사실을 잘 알고 계셨기에 십자가에서 돌아가시기 전에 간절하게 기도하셨다.

> "아버지여, 아버지께서 내 안에, 내가 아버지 안에 있는 것 같이 그들도 다 하나가 되어 우리 안에 있게 하사 세상으로 아버지께서 나를 보내신 것을 믿게 하옵소서"_ 요 17:21

왜 주님께서 교회의 머리가 되신다는 말씀을 강조하셨겠는가? 머리의 지시를 받지 않는 지체는 병든 지체이든지 제 기능을 다하지 못하는 지체일 것이다. 주님을 교회의 머리로 인정할 때, 비로소 교회가 이 세상에서 강력한 영향력을 끼칠 수 있음을 기억해야 한다. 에베소서 1장 21-23절은 이 사실을 분명하고도 정확하게 말씀하고 있다.

"모든 통치와 권세와 능력과 주권과 이 세상뿐 아니라 오는 세상에 일컫는 모든 이름 위에 뛰어나게 하시고 또 만물을 그의 발 아래에 복종하게 하시고 그를 만물 위에 교회의 머리로 삼으셨느니라 교회는 그의 몸이니 만물 안에서 만물을 충만하게 하시는 이의 충만함이니라"

4) 그리스도의 몸인 모든 교회를 사랑하라

우리 교회에서 사역하던 순장들이 다른 지역으로 이사를 하거나 해외로 나가게 되어 파송한 적이 몇 번 있다. 내가 가장 큰 보람과 기쁨을 느낄 때는 바로 그들이 새로운 교회에 잘 정착하여 열심히 섬기고 있다는 소식을 들을 때이다. 파송되는 순장들에게 늘 강조하는 것이 있다.
"어디를 가든 겸손하게 잘 섬기십시오. 아무리 작은 교회라고 해도 교회에 유익이 되는 자가 되어야 합니다. 그리고 교회들은 여러 모양과 특징을 가지고 있기에 우리 교회와 다른 부분이 있어도 잘 수용할 수 있어야 합니다."
외국에 나가 있는 평택대광교회 순장 중 두 명의 순장이 우연히 같은 한인 교회를 섬기게 되었다. 인적 자원이 풍부하지 못했던 그 한인 교회에서 헌신적으로 섬기는 두 순장에게 감동을 받은 것인지, 어느 날 그 교회 담임목사님이 자신이 가장 존경하는 목사가 평택대광교회 목사라고 말했다는 이야기를 들었다. 나와 서로 만난 적은 없지만, 두 순장의 아름다운 섬김의 모습에 감동을 받아 하신 말씀이라는 생각이 든다.

우리 교회 순장 중에는 다른 지역으로 이사한 후 다시 그 교회에서 제자훈련을 받는 경우도 종종 있다. 제자훈련을 다시 받는 것은 시간적으로 손해가 아니다. 진정 주님의 제자라면 다시 훈련을 받아 쓰임 받을 수 있는 것에 오히려 감사해야 한다. 제자는 자신의 입맛에 따라 요구하지 않는다. 교회의 머리 되신 주님이 요구하시면 다시 처음부터 시작할 수 있어야 하는 것이다.

다음은 우리 교회에서 오랫동안 순장 사역을 잘 감당하던 순장이 이사한 후에 그곳에서 보내온 편지 내용의 일부다.

존경하는 목사님, 사모님, 안녕하세요?
저는 구원의 은혜를 받아 하나님의 자녀로 산다는 것이 얼마나 존귀한지 깨달으며 매일 감사한 나날을 보내고 있습니다. 이곳에서 제자훈련을 마치고 이번 학기부터 전도폭발 훈련자로 섬기게 되어, 다시 한 번 훈련의 중요성과 훈련받은 것에 감사가 더욱 넘친답니다.

목사님께서 감기로 고생하신다는 소식을 들으니 하나님께 헌신하는 삶에는 대가가 따른다 하셨던 말씀이 생각납니다. 가르쳐 주신 대로 교회와 순원들, 가족들을 섬기며 내가 편하려 하기보다 기꺼이 대가를 지불하며 하나님이 주실 귀한 열매를 사모하겠습니다.

왜 귀한 것은 지난 후에야 깨닫는지요. '좀 더 성숙했더라면 그곳에서 더 헌신하고 더 사랑했을 텐데……' 하는 아쉬움이 많지만 평택대광교회를 통해 훈련받고 누린 은혜는 잊지 못할 것입니다. 어디에서나 평택대광교회 순장이었던 것이 부끄럽지 않도록 예수님의 제자로 살기를 소망한답니다.

주님의 제자는 어디에 가든지 주님의 마음을 품고 겸손하게 잘 섬겨야 한다. 제자훈련은 지식을 쌓기 위한 교육이 아니다. 대도시의 크고 유명한 교회에서나 작은 시골 교회에서나 규모와 장소에 관계없이 한결같은 모습으로 잘 섬긴다면 주님은 그에게서 진정한 제자의 모습을 보고 기뻐하실 것이다. 이것이 그리스도의 지체가 된 성도의 모습이다.

성도들은 이 땅의 모든 주님의 교회를 사랑해야 한다. 교회가 교회 되도록 기도해야 한다. 간혹 세상으로부터 교회가 비난을 받을 때에도 그것이 내 자신의 문제인 것처럼 아파하고 중보기도를 해야 할 것이다. 어느 교회로 가든지 그곳이 주님의 몸된 교회임을 명심하고 겸손하게 충성을 다할 때, 하나님의 나라가 확장될 것이고 주님 앞에 서는 날에 칭찬을 받을 수 있을 것이다.

"… 잘하였도다 착하고 충성된 종아 네가 적은 일에 충성하였으매 내가 많은 것을 네게 맡기리니 네 주인의 즐거움에 참여할지어다."_ 마 25:23

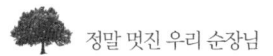

나의 길잡이, 우리 순장님

황선용

제가 예수님을 알고 그분의 인도하심을 받고 살아온 지 어느덧 7년이 되었습니다. 그리고 지금 대광교회의 한 지체로서 감히 예수 그리스도와 함께하고 있다고 자긍심을 갖고 말할 수 있게 되었습니다.

제가 이렇게 살 수 있게 된 것은 당연히 예수님의 놀라우신 사랑과 은혜가 있었기 때문입니다. 그리고 하나님의 백성이라는 소속감을 느끼고 하늘의 시민권자로서의 분명한 정체성을 가질 수 있도록 우리 대광교회가 함께하고 있기 때문입니다. 또 그 속에 순모임이란 아름다운 모임이 있기 때문이기도 합니다.

제가 처음 교회의 등록 교인이라는 자격을 얻고 순을 배정받아 순장님을 소개받았을 때, 저는 언어도 통하지 않는 타국에서 관광 가이드를 만난 기분이었습니다. 다소 서먹한 감도 있었지만 가이드의 안내를 굳이 회피하는 것은 어리석다고 생각하여 저는 적극적으로 순장님을 통하여 신앙생활에 관한 저의 궁금증을 해소하길 원했고, 지금 생각하면 제가 순장님을 다소 귀찮게 했던 것 같기도 합니다.

신앙생활에 있어 약간의 궁금증이라도 생기면 전화를 해서 묻

기도 하고, 퇴근 후 저녁 시간을 이용해 상담을 하기도 하고, 심지어 근무처에까지 찾아가 귀찮게 하기도 했습니다. 그때마다 순장님은 기꺼이 저의 선생님이 되어 주셨고 친구가 되어 주셨습니다.

이런 순장님의 노력으로 순모임은 아주 편안한 자리가 되어 갔고, 예배의 나눔에 있어서도 부담 없이 마음을 열고 저의 느낌을 말할 수 있게 되었습니다.

다듬어지지 않아 거칠었던 저를 순장님은 특유의 온화함으로 감싸 안아 주시며 순모임을 부드러운 분위기로 이끌어 주셨습니다. 특히 순장님이 교회에서 귀하게 쓰임 받는 모습을 보면 순원으로서 뿌듯함까지 느끼게 되고 순에 대한 자부심도 생기게 되었습니다.

이런 마음들이 저를 순모임으로 발걸음을 재촉하게 만들고, 교회 나오기를 즐겨하도록 만들었습니다. 이 모든 것이 저의 삶의 영역을 주도하게 되자 저는 더욱 생활의 활력이 생겼고 교회 다니는 자, 아니 예수 믿는 자의 기쁨을 경험하며 누릴 수 있게 되었습니다.

제 아내가 임신을 했을 때는, 남자 순장님이심에도 작은 부분까지 세심히 배려해 주시며 귀한 음식으로도 섬겨주셨습니다. 이렇듯 다양한 관심과 배려로 순장님의 사랑을 항상 느낄 수 있었고, 나중에는 순장님이 가족과도 같이 생각되었습니다.

한번은 순장님의 근무처 근처에 맛있는 오리 훈제 요리가 있다며, 퇴근 후에 직접 저희 집까지 사 가지고 오신 적이 있습니다.

직장인의 퇴근 후 시간이 얼마나 피곤한지 저도 잘 알고 있기에 더욱 감동적이었습니다. 그 오리 훈제의 맛은 우리 가족 모두에게 순장님의 생생한 사랑으로 남아 있습니다.

순장님이 보여주신 귀한 사랑과 본이 있었기에 생애 처음 교회 생활을 경험하게 됐음에도 잘 정착하며 바른 신앙의 기초를 다질 수 있었습니다. 또한 이것이 신앙의 원동력이 되어, 전도폭발훈련과 같은 교회의 행사나 집회에도 적극적인 참여가 자연스럽게 이루어지게 되었습니다.

'시작이 반이다', '첫 단추를 잘 끼워야 한다' 이런 말들을 많이 하기도 하고 듣기도 합니다. 그러고 보면 저는 참으로 복이 많은 사람인가 봅니다. 건강하고 아름다운 우리 대광교회에서 좋은 본이 되는 순장님을 만나, 예수님을 알게 되고 또 만나게 되고, 귀하게 쓰임 받으며 신앙생활의 첫 단추를 잘 끼웠으니 말입니다.

세상의 모든 생명체는 유전의 영향을 부인할 수 없습니다. 신앙도 마찬가지인 것 같습니다. 부모의 신앙을 본받는 것이 대부분이지만 저와 같은 신앙 1세대는 처음 만나는 지도자와 멘토의 유전인자를 자연스레 전해 받는 것 같습니다.

지적하기보다 포용하고 사랑과 온유로 기도하며 인내로 가르치며 기다리시는 목사님, 그와 너무나 닮은 모습으로 가까이 있어 주시는 순장님. 이런 지도자들을 만나 좋은 양식으로 잘 성장해 갈 수 있어 정말 감사합니다.

사실 저는 온유가 참으로 부족한 사람입니다. 하지만 부족한 저

너희는 그리스도의 몸이요 지체의 각 부분이라 _고전 12:27

를 위해 기도하며 사랑과 온유로 가르치시는 훌륭한 본이 함께 계시기에, 저에게도 사랑과 온유가 분명히 자라나고 있을 것이라 기대합니다.

이제는 어느덧 제가 다른 이들의 본이 되어야 하는 순장의 직분을 맡고 있습니다. 제가 받은 사랑을 나누어야 할 자리에 있는 것입니다. 보고 배우며 저도 모르게 제 안에 스며든 사랑의 유전자들을 잘 깨워, 순원들을 향한 사랑과 교회를 향한 충성과 이웃을 향한 섬김을 품은 하나님 나라의 일꾼으로 쓰임 받기를 기대합니다.

우리는 흔히 사람을 그릇으로 비유합니다. 매일매일 주 안에서 주께서 주시는 귀하고 선한 것들로 제 그릇을 채워나가겠습니다.

정말 멋진 우리 순장님 ···49

또 제게 없는 것을 바라고 기대하기보다, 지금 이 순간 제게 있는 것들로 최선을 다해 주님의 몸된 교회의 지체로서 직무를 다하고 소명으로 주시는 사역에도 열심히 섬기겠습니다. 모든 영광을 하나님께 드립니다.

3
순장의 자세

아이쿤

1) 충성된 자가 되라

"또 어떤 사람이 타국에 갈 때 그 종들을 불러 자기 소유를 맡김과 같으니 각각 그 재능대로 한 사람에게는 금 다섯 달란트를, 한 사람에게는 두 달란트를, 한 사람에게는 한 달란트를 주고 떠났더니 다섯 달란트 받은 자는 바로 가서 그것으로 장사하여 또 다섯 달란트를 남기고 두 달란트 받은 자도 그같이 하여 또 두 달란트를 남겼으되 한 달란트 받은 자는 가서 땅을 파고 그 주인의 돈을 감추어 두었더니 오랜 후에 그 종들의 주인이 돌아와 그들과 결산할새
다섯 달란트 받았던 자는 다섯 달란트를 더 가지고 와서 이르되 주인이여 내게 다섯 달란트를 주셨는데 보소서 내가 또 다섯 달란트를 남겼나이다 그 주인이 이르되 잘하였도다 착하고 충성된 종아 네가 적은 일에 충성하였으매 내가 많은 것을 네게 맡기리니 네 주인의 즐거움에 참여할지어다 하고
두 달란트 받았던 자도 와서 이르되 주인이여 내게 두 달란트

를 주셨는데 보소서 내가 또 두 달란트를 남겼나이다 그 주인
이 이르되 잘하였도다 착하고 충성된 종아 네가 적은 일에 충
성하였으매 내가 많은 것을 네게 맡기리니 네 주인의 즐거움에
참여할지어다 하고
한 달란트 받았던 자는 와서 이르되 주인이여 당신은 굳은 사
람이라 심지 않은 데서 거두고 헤치지 않은 데서 모으는 줄을
내가 알았으므로 두려워하여 나가서 당신의 달란트를 땅에 감
추어 두었었나이다 보소서 당신의 것을 가지셨나이다 그 주인
이 대답하여 이르되 악하고 게으른 종아 나는 심지 않은 데서
거두고 헤치지 않은 데서 모으는 줄로 네가 알았느냐 그러면
네가 마땅히 내 돈을 취리하는 자들에게나 맡겼다가 내가 돌아
와서 내 원금과 이자를 받게 하였을 것이니라 하고 그에게서
그 한 달란트를 빼앗아 열 달란트 가진 자에게 주라 무릇 있는
자는 받아 풍족하게 되고 없는 자는 그 있는 것까지 빼앗기리
라 이 무익한 종을 바깥 어두운 데로 내쫓으라 거기서 슬피 울
며 이를 갈리라 하니라" _ 마 25:14-30

위 성경 본문의 달란트 비유 속 두 사람을 생각해 보자. 종들은 달란트를 받았다. 주인이 자신의 달란트를 맡긴다는 것은 종들에게 대단한 기대감을 갖고 있다는 뜻이다. 당시 달란트는 엄청난 가치였다. 그럼에도 '한 달란트 받은 자'는 그 가치를 가볍게 여겼다. '두 달란트, 다섯 달란트 받은 자'는 그

가치를 알고 바로 가서 일을 시작하였으나 '한 달란트 받은 자'는 자기 생각대로 달란트를 그냥 파묻어 두고 말았다.

우리가 하나님께 받은 달란트 또한 참으로 엄청난 가치가 있음을 먼저 기억해야 한다. 하나님께서 우리에게 일을 맡기실 때에는 우리가 감당할 수 있는 일을 주신다. 불가능한 일을 맡겨 골탕 먹이려고 하시는 것이 아니다. 맡겨진 일에 최선을 다할 때, 생각한 것 이상으로 풍성한 열매를 맺을 수 있다. '두 달란트 받은 자'는 두 달란트, '다섯 달란트 받은 자'는 다섯 달란트의 수익을 올렸다.

하나님의 일에는 하나님의 도우심이 있다. 최선을 다하면 우리 자신도 놀랄 만큼의 결과를 얻고, 또한 하나님께서도 기뻐하신다. 결국 하나님은 우리가 주인의 즐거움에 참여하는 감격을 누리도록 해주신다. 주인의 즐거움에 참여하는 것은 최선을 다한 자에게 주어지는 상급이다. 물론, 그 상급은 여기에서만 그치지 않는다. 또 다른 보너스가 있다. 계속 쓰임을 받게 되는 것이다.

우리가 또한 기억해야 할 것은 하나님은 게으른 자를 사용하지 않으신다는 것이다.

"게으른 자는 마음으로 원하여도 얻지 못하나 부지런한 자의 마음은 풍족함을 얻느니라" _ 잠 13:4

그리고 하나님은 요령을 피우는 자 역시 정말 싫어하신다.

"또 이르시되 너희가 무엇을 듣는가 스스로 삼가라 너희의 헤아리는 그 헤아림으로 너희가 헤아림을 받을 것이며 더 받으리니"_ 막 4:24

요령을 피우는 자는 다시 말해 머리를 굴리는 자이며 모든 관점을 자신의 이익에 맞추는 자이다. 이런 자는 맡겨진 일이 힘들면 일을 쉽게 하려고 변칙적인 방도를 생각한다. 이런 자에게 주인의 뜻은 크게 중요하지 않다. 풍성한 열매도 크게 기대하지 않는다. 자신의 편안함을 추구하기 때문에 자신이 속한 공동체의 유익에는 관심이 없다. 그 대표적인 예가 바로 어리석게 행동했던 '한 달란트 받은 자'이다.

지금까지 순장으로 섬겼다면 지금까지의 열매를 살펴보라. 그것은 내일을 위해 중요한 일이다. 각자 자신에게 물어보라. 자신이 맡은 순모임의 순원 중 몇 명이 성장하여 순장으로 섬기고 있는가? 예수 믿고 새롭게 변화된 순원은 몇 명이나 되는가? 교회를 떠나거나 순모임을 떠난 자는 몇 명이나 되는가? 최선을 다했다고 자신 있게 말할 수 있는가? 순장이라는 직분, 그 자체에만 만족하고 있었던 것은 아닌지 진지하게 자신을 진단해 보자.

다음은 어느 순장이 이전의 자기 순장을 기억하며 하는 고백이다.

"순장이 되어 순장 사역을 하게 되면서, 내가 영적으로 어렸을 때, 내게 사랑을 쏟아 주셨던 순장님의 기억을 자주 더듬어 보게 된다. 우리 순장님의 사랑을 받고 성장하여 어느덧 이제는 내가 순장님의 동역자로 함께 섬길 수 있다는 것이 너무 행복하고 신기하다.

우리 순장님! 생각만 해도 가슴이 설렌다. 한때, 우리 순장님이 교회 사역에 소홀한 모습을 보이시기에 하나님께 우리 순장님을 써 달라 기도했다. 당시 순장님은 전도폭발사역을 중도에 쉬고 계셨기 때문이다. 그 기도 덕분인지 우리 순장님이 지금은 사역을 다시 시작해 전도폭발사역에서 훈련자로 열심히 섬기고 있다. 뿐만 아니라 중보기도 섬김장으로도 섬기시며 기도실을 예쁘게 꾸미고 섬김장 위치에서 최선을 다하신다. 순장님의 섬김 덕분에 기도하는 용사들의 마음이 더욱 환하고 든든해졌다.

순장님이 이처럼 다시 섬김의 자세로 많은 사역을 곳곳에서 감당하시니 항상 내 마음은 기쁨으로 가득하다."

테오도어 루즈벨트가 윌리엄 매킨리William McKinley 대통령 밑에서 해군성 차관으로 있던 1898년, 미국과 스페인 사이에 전쟁이 일어났을 때 그는 자신의 몸을 조국에 바쳐야 한다고 생각했다. 그리고 곧 가족과 주변인의 만류를 뒤로 하고 육군 부대에 자원했다. 그는 준장의 자리를 사양하고 중령 계급으로 전쟁에 참가했다. 루즈벨트는 다음과 같이 말했다.

"나는 최전방이 아닌 사무실에 앉아 있고 싶지 않았다. 나는 최전방에서 싸우고 싶다. 그러나 내가 어디에 배치되든 최선을 다할 것이다. 나는 오랫동안 원하는 직위를 얻기보다는 전혀 원하지 않는 자리에서 최선을 다하는 데 익숙해졌다."

루즈벨트에게는 어떤 자리에 앉는 것보다 그것이 실질적으로 가치 있는 일인가가 더 중요했다. 전쟁이 끝난 후 뉴욕으로 돌아오자 그는 국가적인 영웅이 되었다. 그해 11월 뉴욕 주지사에 당선되었으며, 1900년 매킨리 대통령의 러닝메이트*running mate로 부통령이 되었다. 그리고 이듬해 매킨리 대통령 사망 직후, 미국 26대 대통령으로 취임하여 미국을 세계 최강국으로 세우는 기초를 다지게 된다.

루즈벨트가 삶의 신조로 삼은 것은 미래를 염려하지 않고, 맡은 일에 항상 최선을 다하는 것이었다. 지금이 마지막이라는 마음으로 말이다. 그는 이 신조가 자신뿐만 아니라 국가를 기쁘게 할 수 있다는 사실을 늘 확신하여 이 원칙을 벗어난 적이 없었다고 한다.

루즈벨트처럼 순장들 역시 어디에서든 한결같이 맡은 일에 최선을 다해 충성한다면, 그야말로 하나님의 마음을 시원하게 해 드리는 얼음 냉수 같은 자가 될 것이다.

---

* 두 관직을 동시에 뽑는 선거제도에서 아래 관직의 선거에 출마한 입후보자를 일컬음

"충성된 사자는 그를 보낸 이에게 마치 추수하는 날에 얼음 냉수 같아서 능히 그 주인의 마음을 시원하게 하느니라" _ 잠 25:13

"내 눈이 이 땅의 충성된 자를 살펴 나와 함께 살게 하리니 완전한 길에 행하는 자가 나를 따르리로다" _ 시 101:6

2) 하나님께서 맡겨 주신 사역임을 명심하라

대통령이 직접 일을 지시한 자들 중에 게으름을 피우거나 요령을 부리는 자는 없을 것이다. 좋은 결과를 얻기 위해 누구보다 많은 일에 최선을 다할 것인데, 이는 일을 맡긴 자가 얼마나 높은 사람인지 알기 때문이다. 과거, 왕의 명령은 어명이라고 해서 누구도 거역하거나 가볍게 여기지 않았다. 하물며 이 세상을 창조하시고, 주관하시는 하나님이 맡겨 주신 일에는 그 자세가 더욱 달라야 하지 않겠는가!

예수님이 우리를 특별히 제자로 불러 주시고, 또 예수님의 사역을 계승할 자로 삼아 주셨다는 것은 아무리 생각해도 참으로 황송할 뿐이다. 순장의 사역은 예수님으로부터 위임 받은 사역이다. 그러므로 결코 소홀히 여겨서는 안 된다. 나와 같은 죄인을 불러 주시고 사용해 주시는 것에 감사한 마음으로 온 힘을 다해야 할 것이다.

런던선교회 소속의 의료 선교사 리빙스턴이 아프리카에 파송된 것은 27세 때였다. 그는 전도와 의료 선교 사역을 겸하면서 아프리카 각지를 탐험한 후 아프리카의 상황을 세상에 알렸다. 그 과정에서 그는 몇 번이나 죽을 고비를 넘겼다. 열병에 걸려 사경을 헤매다가 구조대에 의해 겨우 구조되기도 했다. 그때마다 그는 죽음의 고비에서 살려 주신 하나님의 사랑을 느꼈고, '사명을 품은 자는 그 사명을 감당하기 전에는 죽지 않는다'는 확신으로 선교 사역과 탐험을 멈추지 않았다.

또 이스라엘 백성을 이끌었던 지도자, 모세의 모습은 어떠한가? 모세는 자신이 시내산에 올라가 있는 동안 금송아지를 만들어 하나님을 진노하게 했던 이스라엘 백성들을 위해 기도하였다.

> "…슬프도소이다 이 백성이 자기들을 위하여 금 신을 만들었사오니 큰 죄를 범하였나이다 그러나 이제 그들의 죄를 사하시옵소서 그렇지 아니하시오면 원하건대 주께서 기록하신 책에서 내 이름을 지워 버려 주옵소서" _ 출 34:31-32

이 얼마나 감동적인 기도인가! 모세는 하나님이 자신에게 주신 지도자로서의 사명을 최선을 다해 끝까지 감당했다. 하나님이 맡겨 주신 일은 무슨 일이 있어도 끝까지 잘 감당해야 한다.

3) 하나님께서 주시는 힘으로 사역하라

하나님의 일은 사람의 재능이나 능력으로 하는 것이 아니다. 하나님의 도우심이 있어야 한다. 하나님의 뜻을 행하고자 하는 간절함이 있다면 성령께서 반드시 도와 주신다. 하나님은 특별한 자들뿐 아니라, 미약해 보이는 자들에게도 하나님의 일을 맡기신다.

사도 바울처럼 모든 것을 갖춘 것처럼 보이는 자도 하나님의 사역을 하기에 앞서 주변 사람들에게 기도의 후원을 요청했다. 기도 없이 할 수 있는 일은 아무것도 없다는 사실을 바울은 너무나도 잘 알고 있었다. 그렇기에 바울은 주위에 많은 중보 기도자가 있었다. 사도 바울은 영혼 구원을 위해 누구보다 열심히 사역했고, 그 열매는 풍성했다. 그러나 그 풍성한 열매까지도 자신의 힘으로 한 것이 아니라 하나님의 은혜였다고 고백하고 있다. 간절히 기도하고 하나님의 은혜를 구하며 최선을 다하면 반드시 풍성한 열매가 맺힐 것이다. 사도 바울의 고백이 우리 모두의 고백이기를 기도한다.

> "그러나 내가 나 된 것은 하나님의 은혜로 된 것이니 내게 주신 그의 은혜가 헛되지 아니하여 내가 모든 사도보다 더 많이 수고하였으나 내가 한 것이 아니요 오직 나와 함께 하신 하나님의 은혜로라" _ 고전 15:10

4) 하나님 앞에서 살아가라

오래 전 동네에 특이한 약국이 있었다. 그 약국의 약사는 약을 사러 오는 이들이 원하는 만큼 약을 주지 않았다. 그들의 증세를 보고 자신의 판단에 따라 환자에게 꼭 필요한 양의 약만 팔았다. 환자가 원하는 만큼 그 약을 다 먹으면 몸이 상할 것이기 때문이었다. 사람들은 약사가 약만 팔면 되지 너무 깐깐하다고 했지만, 사실 누구나 그 약사만큼 양심적인 약사도 없다는 생각을 했을 것이다. 이 약사에게 돈과 명예보다 더 중요한 것은 약사로서의 양심이었던 것이다.

그리스도인은 작은 예수다. 예수님을 주인으로 모시고 사는 자들이다. 그렇다면 그리스도인은 주인의 뜻을 행하고 주님께 인정받는 것으로 만족하며 기뻐해야 한다. 그러므로 모든 사역을 하나님 앞에서 행해야 한다.

에녹은 왜 죽음을 보지 않았을까? 에녹은 300년 동안 하나님과 동행했다. 그는 삶의 전반기 65년은 자신의 뜻대로 살았으나 므두셀라를 낳은 후 큰 변화가 있었다. 하나님의 은혜를 경험했고 하나님과 동행하는 삶을 살기 시작한 것이다.

적어도 예수님을 믿기 전과 믿은 후의 삶은 달라져야 한다. 자신의 사명을 깨달은 이후에도 달라져야 한다. 에녹은 하나님과 함께 걸었다. 모든 문제를 하나님과 의논하고 하나님의 뜻대로 행했다. 그는 백지 같은 마음으로 하나님이 말씀하시는 대로 살았던 것 같다. 에녹이 살았던 시대는 전반적으로 타락한 시대였다. 그런 상황에서도 에녹이 하나님과 한결같이 동행했기에 하나님께 더욱 높은 점수를 받았던 것으로 보인다.

순장은 항상 살아 계신 하나님의 마음을 생각하며 자신의 삶을 하나님 안에서 판단하고 행동해야 한다. 온전히 하나님의 말씀대로 행할 때 하나님의 은혜를 경험하게 된다. 매일 하나님과 동행하는 삶을 살기 위해 노력하다 보면 세상 사람들이 추구하는 것들이 하찮아 보이기에 자연히 욕심을 부리지 않게 된다. 세상 사람들이 중요하게 여기는 것들 대부분은 거짓이고 허상에 불과한 것이 많다.

순장의 사역은 한 영혼을 살리고 세우는 것이다. 영원한 가치를 추구하는 생명 사역이다. 그러므로 순장이라는 직분에 대한 확신과 자부심을 가지고 사역해야 한다. 오늘도 하나님은 순장의 섬김을 기대하며 주시하고 계신다. 다윗이 힘들고 어려운 상황에서도 자신에게 맡겨진 사역을 잘 감당하며 고백한 시편 139편이 우리의 고백이 되기를 소원해 본다.

"여호와여 주께서 나를 살펴보셨으므로 나를 아시나이다 주께서 내가 앉고 일어섬을 아시고 멀리서도 나의 생각을 밝히 아시오며 나의 모든 길과 내가 눕는 것을 살펴 보셨으므로 나의 모든 행위를 익히 아시오니 여호와여 내 혀의 말을 알지 못하시는 것이 하나도 없으시니이다 주께서 나의 앞뒤를 둘러싸시고 내게 안수하셨나이다 이 지식이 내게 너무 기이하니 높아서 내가 능히 미치지 못하나이다 내가 주의 영을 떠나 어디로 가며 주의 앞에서 어디로 피하리이까 내가 하늘에 올라갈지라도 거기 계시며 스올에 내 자리를 펼지라도 거기 계시니이다 내가 새벽 날개를 치며 바다 끝에 가서 거주할지라도 거기서도 주의 손이 나를 인도하시며 주의 오른손이 나를 붙드시리이다"

_ 시 139:1-10

5) 하나님의 시선과 일치시키라

아프리카나 아시아에서 사역한 선교사의 자녀들이 현지에서 변변한 교육을 받지 못해도 해외의 일류 대학에 들어가는 이유는 무엇일까? 그들 중 상당수는 교육비조차 내기 힘든 상황에 놓여 있다. 그런 이들은 놀랍게도 전액 장학금을 통해 입학이 가능해지기도 한다. 이런 일들을 우연이라고 말할 수 있겠는가? 하나님의 간섭과 인도하심 없이 이루어지는 일은 결코 없다. 이는 자신의 삶을 내려놓고 "너희는 가서 모든 민족을 제자로 삼으라"는 지상 명령에 순종하는 자녀들에 대한 하나님의 인도하심일 것이다.

하나님이 바라보시는 것을 바라보고, 하나님이 가라고 하시는 곳으로 달려가서 하나님이 흘리시는 눈물을 느끼며 함께 눈물을 흘릴 수 있다면 이는 하나님의 마음을 무엇보다 시원하게 해 드리는 일이 될 것이다.

오늘날 교회의 평신도 사역자들 가운데 하나님의 뜻과는 상관없이 순전히 자신의 뜻으로만 열심인 자들이 있다. 하나님은 동쪽으로 가기를 원하시는데, 자신은 서쪽으로 가면서 열심히 헌신한다고 생각하는 경우이다. 매년 교회에서 개최하는 대각성전도집회 때 보면 전심전력으로 합심하는 순장이 있는가 하면 자신의 상황에 맞추어 사역을 방관하는 순장도 있다.

하나님의 일하심과 같은 방향으로 달리는 자가 동역자이다. 순장은 이러한 동역 의식을 가지고 있어야 한다. 하나님은 성도들이 '하나님의 동역자'이며 '하나님의 밭'이 되기를 원하신다. '하나님의 동역자'란 하나님의 일을 함께하는 사람을 가리키고, '하나님의 밭'이란 교회에 속한 사역자들이 하나님이 원하시는 풍성한 열매를 맺어야 함을 말한다.

하나님이 바라보시는 곳을 함께 바라보고, 하나님이 기뻐하시는 일을 함께 기뻐하고, 하나님이 아파하시는 것을 함께 아파하는 순장이 되자. 그런 순장이 된다면, 사도 바울의 평신도 동역자인 브리스길라와 아굴라 부부, 자매 뵈뵈와 같이 주님의 자랑이 될 것이다.

이제 나도 순장님의 동역자예요

김순옥

저는 2000년도에, 우리 순장님의 전도로 교회에 처음 발을 디뎠습니다. 그날 예배 참석 약속을 한 저를 기다리느라 두 팔을 걷어 올린 채 예배당 앞에서 애타게 서성이던 순장님의 모습이 지금도 생생합니다. 그날 저를 너무도 반갑게 맞이하던 순장님의 얼굴을 보며 저는 '전도하면 교회에서 돈 주나?' 하는 생각까지 들었습니다. 이후 예배당에 들어가 인자하신 목사님을 뵙고, 또 설교 말씀을 들으며 '내가 쉴 곳은 바로 이곳이다' 하는 마음에 대광교회에 정착하게 된 기억이 납니다.

순장님의 친절한 보살핌은 제게 신앙생활의 행복을 안겨 주었고, 새가족으로서 성도들이 아주 특별한 귀빈처럼 섬겨 주시니 너무나 따뜻했습니다. 새가족반을 통해 구원의 확신을 얻었고, 저를 전도하신 우리 순장님의 순모임으로 들어가 마침내 새로운 삶이 시작되었습니다.

순장님이 얼마나 내용 정리를 잘하여 쉽게 설명해 주시던지, 처음 신앙생활을 하는 저였지만 말씀을 잘 이해하고 믿음이 성장하는 데 큰 도움을 받았습니다. 또 저의 문제를 거리낌 없이 나눌 수 있는 분위기를 만들어 주어 제가 말씀에 비추어 대답하면 모두 좋아했고 행복해 했습니다.

무엇보다도 순장님은 순원들의 가정을 돌아보는 일에 열심이었습니다. 직장 일을 하면서도 열심히 심방하며 순원들이 믿음에서 떠나지 않도록 권면하며 기도해 주셨습니다. 순장님에게 받은 은혜가 너무 큰데, 지금 생각하면 '감사하고 고맙다'는 표현을 제대로 못했던 것 같습니다. 지금도 여전히 순장님 앞에서는 어리광을 더 많이 부리게 됩니다.

또한, 예수님의 사랑을 닮은 섬김으로 많은 것들을 기꺼이 베푸셨습니다. 예전에 형편상, 또 성격상 제게 옷이 많이 없어 보이니까 교회 올 때 정장 차림을 하라며 본인이 아끼던 옷을 손수 갖다주셨고, 건강을 위해 먹을거리도 신경 써서 챙겨주셨습니다. 시장에서 사주시던 비빔밥, 저는 으레 받아먹기만 했습니다.

자신의 순원들은 물론 전도 대상자까지 열심으로 섬기며 전도하는 모습은 저와 순원들에게 큰 도전을 주었습니다. 말로 가르치기에 앞서 행하신 순장님이셨습니다. 그러다 보니 순모임이 배가되고 더욱 성장하게 되었습니다.

어느덧 저도 제자훈련을 수료하고 순장으로 파송되어 우리 순장님이 분가해 나가신 자리에서 섬기게 되었습니다. 이제 제가 순장으로 사역하다 보니 제가 받았던 순장님의 사랑을 자주 되새기게 됩니다. 함께 동역자로 섬기는 지금도 우리 순장님을 생각하면 가슴이 뭉클해집니다.

순장님은 늘 모든 사역에 책임을 다하셨습니다. 그래서 순장님의 사역의 자리는 말끔하고 색달라 보입니다. 대충 처리하는 제 모습을 보고 권면하시면 저는 기꺼이 순종하려 애씁니다. 섬기면서도 투정을 부리던 저였지만, 이제는 순장님을 보고 배우며 감사함으로 섬기게 됩니다.

우리는 이제 서로를 돌보며 서로를 위해 기도하는 동역자로 직장에서도 9년 넘게 함께 일하고 있습니다. 직장에서도 하나님을 경외하며 자랑하는 현장이 되어 기쁩니다.

저도 순장님처럼 항상 겸손하여 예수님의 향기를 발하는 그런 모습을 닮고 싶습니다.

4
바울에게서 배우는
순장의 자세

아이순

순원은 그저 직분과 경력만 높은 순장보다는 매력이 있는 순장을 원한다. 순장의 매력이란 바로 영혼 사랑에서 나오는 자상함과 따뜻함이다. 영혼 구원의 열정과 함께 평신도를 동역자로 세워 풍성한 열매를 맺은 바울은 순장이 필히 본받아야 할 본보기라고 할 수 있다.

바울이 하나님 나라의 확장을 위해 어떻게 양육하고 돌보았는지 살펴보자.

1) 심방

사도 바울은 1차 전도 여행 때, 복음을 전한 여러 도시의 성도들을 다시 방문하여 그들의 상황을 살피기 원했다. 그가 바나바에게 방문을 제안하고 있는 것을 사도행전 15장 36절에서 볼 수 있다.

"며칠 후에 바울이 바나바더러 말하되 우리가 주의 말씀을 전한 각 성으로 다시 가서 형제들이 어떠한가 방문하자 하고"

순장의 심방은 순원을 영적으로 건강하게 세우는 데 효과적이다. 어떤 순원이 순장의 권면에 마음이 상하여 서운한 감정을 가지고 있을 때, 순장에게서 아침 일찍 문자가 왔다. 아파트 경비실에 맡겨 놓은 것이 있으니 찾아가라는 문자였다. 경비실을 찾은 순원은 너무나 감동하고 말았다. 순장이 맡긴 것은 바로 생일 케이크와 미역국이었다. 자신의 생일을 기억하고 섬겨준 순장 때문에 순원의 마음속에 꽉 들어찬 서운한 감정은 일순간 눈 녹듯이 사라졌다.

순장은 부지런해야 한다. 순원에게 일주일에 한 번은 심방을 가서 만남을 가져야 한다. 만남처럼 관계를 친밀하게 만드는 것도 없다. 만남 속에서 순원의 형편과 영적 상태를 살펴 기도해야 한다. 주일에만 만나서 대화하려고 하면 안 된다. 주일에는 순원 개개인과 대화할 수 있는 시간이 거의 없다. 각자 맡은 위치에서 섬겨야 하기에 제대로 교제를 나눌 여유가 없기 때문이다.

주마다 한 번 이상 심방하며 순원을 살피려 할 때, 순원들은 순장에 대해 친밀감과 사랑을 느낀다. 그리고 그들은 순모임에 더욱 적극적으로 참여하게 된다. 순원과 순장 간의 친밀한 관계 없이, 순모임에서 일방적으로 가르치려고만 한다면 순원이 순모임 말씀을 통해 받는 은혜는 반감될 수밖에 없다. 자신이 전도한 영혼은 물론이거니와 다른 지역에서 이사 온 기존 신자들의 경우에도 심방을 통해 마음의 문을 여는 데 노력하라. 그러면 그들이 순모임에서 말씀을 받는 자세가 달라질 것이다.

2) 편지

바울은 고린도전서를 통해 고린도 교회의 성도들이 바른 신앙생활을 할 수 있도록 부드럽고 친근한 표현으로 서신을 보내고 있다. 그 내용을 보면 성도들을 향한 바울의 따뜻한 사랑을 느낄 수 있다.

"내가 너희를 부끄럽게 하려고 이것을 쓰는 것이 아니라 오직 너희를 내 사랑하는 자녀 같이 권하려 하는 것이라"_ 고전 4:14

사도 바울은 자신이 전도한 자들이나 교회 성도들을 향해 항상 따뜻한 마음을 가졌고, 그들의 영적 상태나 안부를 묻는 것을 게을리하지 않았다. 형식적으로, 건성으로 한 것이 아니라 영혼을 향한 지극한 사랑으로 행한 것이다.

바울은 부모의 마음처럼 격려와 사랑을 담아 그들이 잘못된 길로 가지 않도록 훈계했다. 이런 열심과 사랑의 섬김은 소아시아와 그리스의 여러 도시에 건강한 교회가 세워지는 데 든든한 바탕이 되었다.

  편지를 쓰거나 혹은 메일이나 문자를 통해서도 순장의 마음을 전할 수 있을 것이다. 순장반 시간에 여러 방법으로 순원들에게 예쁘고 다양한 편지를 꾸며서 보내는 시간을 가져 보는 것도 좋다. 그 시간을 통해 섬김의 노하우도 서로 공유할 수 있기 때문이다.

3) 사랑의 기도

건강한 순원은 단순히 순장의 인간적인 노력만으로는 세워지지 않는다. 하나님의 돌보심을 구하는 순장의 기도가 함께 있어야 한다. 영적으로 어린 순원이 교회에 나와서 성장하기까지는 수많은 방해와 장애물들이 기다리고 있다. 이러한 크고 작은 문제들은 하나님의 도우심으로 해결받아야 한다.

  그러므로 순장은 순원을 위해 하루도 빠짐없이 기도해야 한다. 기도 없이 자신의 힘으로 순원을 성장시킬 수 있다고 생각하는 것은 분명 어리석은 교만이다. 성령님의 도우심 없이 할 수 있는 일이 없음을 알고 주님 앞에 무릎 꿇을 때, 순원들이 건강하게 성장하고 또 머지않아 좋은 순장으로 세워지는 열매를 얻을 수 있을 것이다.

디모데라는 좋은 지도자가 나오기까지는 바울의 사랑이 담긴 뜨거운 기도 후원이 있었음을 기억해야 한다. 바울은 디모데를 위해 밤낮으로 쉬지 않고 기도했다.

"내가 밤낮 간구하는 가운데 쉬지 않고 너를 생각하여 청결한 양심으로 조상적부터 섬겨오는 하나님께 감사하고"_ 딤후 1:3

순장이 순원들을 위해서 끊임없이 기도하는 것은 가장 강력한 후원이며 사랑임을 기억해야 한다. 기도는 결코 헛되지 않기 때문이다.

4) 말씀 안에 풍성히 거함

가르치는 순장은 모범을 보여야 한다. 하나님이 에스겔을 부르실 때에도 먼저 하나님의 말씀을 먹으라고 하셨다. 이는 말씀을 전하기 전에 말씀을 먹고 창자에 채워서 철저히 내 것으로 소화시켜 그 말씀대로 살아가는 모습을 보여야 함을 이르신 것이다.

"너 인자야 내가 네게 이르는 말을 듣고 그 패역한 족속 같이

패역하지 말고 네 입을 벌리고 내가 네게 주는 것을 먹으라 하시기로"_ 겔 2:8

"내게 이르시되 인자야 내가 네게 주는 이 두루마리를 네 배에 넣으며 네 창자에 채우라 하시기에 내가 먹으니 그것이 내 입에서 달기가 꿀 같더라"_ 겔 3:3

가르치는 순장은 먼저 말씀으로 삶을 풍성히 채워야 한다. 삶이 풍성한 말씀 안에 거할 때 하나님이 주신 지혜로 가르칠 수 있고, 순원을 세워줄 수 있다. 말씀이 풍성히 거하기 위해서는 철저하게 묵상과 성경 읽기를 생활화해야 한다. 말씀이 풍성히 거할 때 우리는 더욱 하나님께 순종하게 됨을 경험한다. 말씀을 많이 경험할수록 얻게 되는 지혜로 순장은 순원에게 유익한 권면을 할 수 있게 된다.

사도 바울은 또한 이 사실을 골로새서 3장 16절에서 말하고 있다.

"그리스도의 말씀이 너희 속에 풍성히 거하여 모든 지혜로 피차 가르치며 권면하고 시와 찬송과 신령한 노래를 부르며 감사하는 마음으로 하나님을 찬양하고"

순장이 말씀으로 매일 자신을 점검할 때, 비로소 순원들에게 본이 되며 좋은 멘토의 역할을 할 수 있을 것이다.

5) 성령에 민감함

"내 말과 내 전도함이 설득력 있는 지혜의 말로 하지 아니하고 다만 성령의 나타나심과 능력으로 하여"_ 고전 2:4

사도 바울은 성령의 인도에 민감했다. 모든 사역을 성령의 능력에 철저히 의지했다. 성령의 인도에 민감하게 살아간다면 육체의 욕심을 비롯한 그 무엇도 능히 이길 수 있다.

어떤 순장이 새로 이사 온 한 순원 때문에 힘들어하고 있었다. 이 순원은 우리 교회를 이전에 다니던 교회와 비교하여 불평하기 일쑤였고, 순모임 시간마다 자기 주장이 강한 질문들로 다른 순원들, 특히 새로 전도된 순원들에게 덕을 끼치지 못하고 있었다. 또 전도 집회 기간이 되면 전도에 대해 심한 거부감을 보이며, 이전 교회와 구역장은 전도를 그리 강조하지 않았는데 꼭 이렇게 해야 하느냐고 따졌다. 순모임에서 식사를 준비하여 섬기는 것도 못마땅하게 여겼다. 모든 일에 불평하는 이 순원을 대할 때마다 순장은 너무도 힘들었다.

순장은 이 순원 때문에 매시간 기도하며 순모임 시간에도 항상 긴장 속에서 인도했다. 순장은 매주 그 순원을 심방하고 개인적인 대화를 통해 순원에게 다가가려 노력했다. 그 순원이 여느 때처럼 순모임에서 순장을 힘들게 한 며칠 뒤였다. 순장은 갑자기 그 순원 집에 심방을 가야겠다는 생각이 들었다. 인간적인 생각으로는 가고 싶지 않았으나 성령이 주시는 마음에 의지하여 그 순원의 집으로 향했다. 그런데 그 집의 아파트 현관에 도착하니 어찌된 일인지 현관문이 활짝 열려 있었다. 집 안에는 아무도 없었다. 문을 계속 열어 두었다면 큰일이 생길수도 있었을 것이다. 순장은 문을 닫고 집으로 돌아오며 순원에게 문자를 보냈다. 현관문이 열려 있었다는 것을 알게 된 순원은 거듭 순장에게 감사했고, 이후로 순장, 그리고 순모임에 마음을 많이 열게 되었다고 한다.

자신의 생각과 힘으로 사역하면 빨리 지치게 되고 열매가 없음으로 인해 좌절하게 된다. 그러나 성령의 인도를 받으면 풍성한 사역의 열매를 맛볼 수 있다. 성령님께 순종하는 자들은 자신이 생각하지도 못한 일에서 귀하게 쓰임을 받게 되고, 그 결과에 대해 자신도 놀랄 수밖에 없을 것이다.

선한 욕심쟁이 우리 순장님

고의숙

평택대광교회 하면 떠오르는 것이 바로 '섬김'입니다. 저는 대광교회에서 첫 신앙생활을 시작했습니다. 그러나 처음에는 집사님들이나 지체 간의 섬김이 너무 부담스러웠습니다.

처음에는 '초신자니까 이렇게 섬겨 주는구나' 생각하며 신앙생활을 시작했습니다. 그러나 저의 믿음이 조금씩 자라나면서 제가 받았던 그 섬김은 정말이지 조건 없는, 값진 섬김이었습니다. 섬김에서 노력도, 시간도, 물질도 어느 것 하나 아까워하지 않는 그 모습은 정말 믿음 없이는 할 수 없는 귀한 섬김이었습니다.

우리 교회는 누구 하나 빼놓으면 섭섭할 정도로 모든 지체들에게 섬김이 아주 깊이 자리 잡고 있습니다. 그중에서도 절대 빼놓을 수 없는 분이 바로 우리 순장님입니다. 순장님이 아니었다면 제 믿음이 이만큼 자랄 수 없었을 것입니다.

예전에 저는 주일 예배에도 겨우 참석할 정도로 나약한 신앙생활을 했습니다. 그러니 저에게 수요 예배, 금요 기도회, 새벽 예배는 상상할 수도 없었습니다.

우리 순장님은 욕심이 없는 편인데 유독 믿음이나 섬김, 그리고 순원들에 대해서는 선한 욕심이 많은 분입니다. 순장님은 교회에서 삼사십 분 거리에 사실 때부터 순원들이 예배를 잘 드리지 못하는 것을 안타까워하셨습니다. 그래서 우리 순원의 아이들까지 다 합치면 일곱 명이나 되는 아이들을 작은 차에 모두 태워 금요기도회나 수요 예배를 빠짐없이 데리고 다니셨습니다. 아이들이 다 작았지만 어른들까지 타니 턱없이 부족한 자리였습니다. 그때 순장님은 자신의 아이들을 트렁크 쪽에 태우셨고 저희 아이들은 의자에 태우셨습니다. 그때는 몰랐는데, 그것이 결코 쉽지 않은 결정이었으리라는 생각이 듭니다. 처음에는 섬겨 주심이 너무 감사하고 죄송해서 그냥 따라다녔습니다. 그런데 생각해 보면 제가 바뀌기 시작한 시점이 그때쯤이었던 듯싶습니다.

우리 순모임은 아이들이 나이가 비슷하기에 서로 더 잘 맞는다는 공통점도 있습니다. 평소 우리 순은 토요일이나 방학 기간에 아이들과 같이 물놀이를 가거나 영화를 자주 봅니다. 그때도 항상 제일 많이 섬겨 주시는 분은 순장님입니다. 차량은 물론이고, 삼겹살을 구워 먹으러 가면 순장님 가족이 먹으려고 준비해 놓은 것까지도 아끼지 않고 다 챙겨 오십니다. 늘 순원들에게는 간단한 것만 준비해 오게 하십니다. 사소한 것일 수도 있지만 이런 모든 것에서 순장님의 진정한 섬김을 느낄 수 있습니다.

한번은 교회에서 순모임 예배를 드린 적이 있습니다. 순모임이 끝나서 가려는데 순원이 갑자기 아버지가 암이라는 연락을 받고 순장님에게 엉엉 울며 전화를 했습니다. 전화를 받던 순장님이 갑자기 엉엉 울며 그 순원이 있는 5층으로 뛰어 올라갔습니다. 다

급한 마음에, 뒤따라가 보니 순원과 순장님은 서로 안고 같이 아파하며 울고 있었습니다. 어느 순간 덤덤했던 저도 같이 울고 있었습니다. 어느 누가 내 가족이 아닌 다른 사람의 아픔을 보며 이렇게 슬퍼할 수 있을까요? 그후 순원은 아버지가 계신 제주도로 급하게 가야 했고, 순장님께서는 기꺼이 그 순원의 아이들을 돌보아 주셨습니다. 예정보다 며칠 더 길어져 힘들만도 한데 순장님은 행복한 섬김의 본을 보여주셨습니다.

또 제가 제자훈련생들과 1박 2일 수련회를 갔을 때 친정이 그 근처라서 친정엄마에게 아이들을 부탁할 것이라 말씀 드렸는데도, 순장님은 아니라며 기꺼이 기쁜 마음으로 우리 아이들을 돌보아 주셨습니다. 너무 감사했습니다. 늘 사역으로 바쁘심에도 한 번도 섬김을 게을리하신 적이 없는 순장님께 항상 감사합니다.

그런데 그 섬김에 찬물을 끼얹은 일이 며칠 전에 있었습니다. 한 초신자 순원이 순모임에 참석하지 못하자 순장님은 그 순원을 위해 따로 순모임을 준비하셨습니다. 순장님께 전화가 왔습니다. 아직 초신자이니 저도 같이 순모임에 한 번 더 참석하여 그 순원을 칭찬하며 잘 섬겨 주라는 것이었습니다. 순장님에겐 그것이 당연한 것이었고 몸에 배인 섬김이었습니다. 그러나 순간 저는 순모임을 드리지 못한 순원을 안타까워하기보다는 같은 순모임을 두 번 드리는 것에 저도 모르게 불만이 생겼습니다. 대답은 "네"라고 드렸지만 말입니다. 그러나 다음날 그 순원에게 일이 생겨 순모임 예배는 드리지 못했습니다. 저는 어차피 그렇게 될 것을 괜히 나만 나쁜 마음을 갖게 했다며 또 한번 속으로 불평했습니다. 참으로 창피한 생각이 듭니다.

그 일 이후 어느 날, 순장님 집에서 순모임을 갖게 되었습니다. 순장님이 갑자기 출발하지 말고 기다려 보라고 전화를 주셨습니다. 그 순원 때문에 시간을 늦출 수도 있다는 내용이었습니다. 이미 출발하려 차를 타고 있던 저는, 순간 저도 모르게 순모임의 모든 것을 그 순원에게 맞추는 것이 싫다는 생각이 들었습니다. 그래서 저는 "순장님, 정말 죄송한데요. 그러면 저 진짜 짜증나거든요"라며 말실수를 해 버렸습니다. 순간 후회했지만 이미 내 입에서 나와 순장님 귀로 들어간 뒤였습니다. 순장님은 그냥 그대로 드리자며 오라고 하셨습니다. 가는 내내 제 마음이 얼마나 불편했는지 모릅니다. 가자마자 순장님께 죄송하다고 말씀을 드렸고, 순장님도 그 시간 동안 기도를 하셨다고 했습니다. 순장님은 순모임 예배를 잘 드리지 못하는 그 순원을 늘 안타깝게 생각하고 한결같이 섬기려고 하셨는데, 제가 왜 이제까지 받았던 섬김을 잊은 채 그런 행동을 했는지 후회가 됐습니다.

언젠가 순장님은 우리 순원들에게 믿음을 잘 성장시켜 부지런히 사역하고, 또 다른 초신자를 키우는 리더가 되는 소망을 가지라고 말씀하셨습니다. 순장님도 그런 소망을 가졌다고 하시면서 말입니다.

이제 순장님은 전도폭발이나 제자훈련 등의 사역에 참여하며 순장님의 동역자가 되어 가는 우리 순원들을 보며 기도한 대로 이루어진다며 기뻐하십니다.

'나는 이 정도면 돼'라고 생각했던 제가 지금은 순장이라는 직분을 갈구하고 있습니다. 그 직분이 좋아 보이고 부러워서가 아니라, 누군가의 믿음을 키우는 데 도움을 줄 수 있는 그런 믿음의 사람이 되고픈 작은 소망이 생겼기 때문입니다.

분명 순장님도 가끔은 물질의 문제로, 아이들 챙기느라, 부족한 시간 때문에, 또 육체적으로 힘드실 때가 많으셨을 것입니다. 하지만 순장님은 늘 힘든 여건에도 감사함으로 더 열심히 섬기는 모습을 보여주셨습니다. 한 번도 순장님이 불평하시는 것을 본 적도, 들어본 적도 없습니다. 때문에 제가 이만큼 성장할 수 있었습니다.

감사라는 말로는 너무나 부족하고 표현 또한 자주 못하지만, 순장님이 늘 한결같이 섬겨 주셔서 이만큼 성장할 수 있었고 항상 힘들 때 도와주시고 늘 순원들을 위해 기도해 주신 것에 감사의 말씀을 드립니다. 너무 많은 감사가 흘러나오지만 가장 감사한 것은 바로 그 많은 순장님들 중에 우리 순장님께서 우리 순의 순장님이 되어 주신 것입니다. 믿음의 울타리 안에서 성장하며 동역자로 하나가 될 수 있게 해 주신 순장님, 정말 감사합니다. 늘 부족한 우리 순원들을 믿어 주시고 끌어 주신 것 또한 정말 감사합니다.

저도 잘 성장해서 순장님처럼 멋진 주님의 향기를 품은 그리스도인으로 거듭나길 소망합니다.

5
리더십을 이끄는 힘

아이순

운동을 할 때 기본기에 충실하지 않은 자는 더 이상의 발전이 없다. 오래 전 테니스를 한 적이 있다. 그때 함께 운동한 이들 중 테니스를 탁구 치듯이 하는 사람이 있었다. 당연히 몇 개월이 지나도 그의 테니스 실력은 전혀 늘지 않았다.

리더십도 마찬가지다. 기본기에 충실하지 못하면 제대로 된 발전을 기대하기 어렵다. 순장들 역시 맡은 사역에만 집중하느라 가장 중요한 것을 놓칠 수 있다.

여호수아가 모세의 뒤를 이어 이스라엘의 지도자가 되었을 때 하나님이 명령하신 것은 단순한 것이었다. 바로 '말씀을 주야로 묵상하라'는 것이었다.

> "이 율법책을 네 입에서 떠나지 말게 하며 주야로 그것을 묵상하여 그 안에 기록된 대로 다 지켜 행하라 그리하면 네 길이 평탄하게 될 것이며 네가 형통하리라"_ 수 1:8

이 말씀은 시대가 주는 수많은 요구, 그리고 자신의 생각으로 복잡하게 살지 말고, 사역하는 동안 하나님의 지혜를 신뢰하며 인도함을 온전히 받으라는 것이다. 말씀을 매일 묵상하는 사람에게는 하나님이 때를 따라 돕고 인도하신다.

윌로우크릭교회의 빌 하이벨스Bill Hybels 목사는 교회 안의 성도들을 네 부류로 나누었다. 그 분석한 바에 따르면, 각 분야에서 좋은 영향력을 발휘하는 가장 건강한 성도들의 특징은 매일 성경을 묵상하는 것이었다고 한다. 하나님 말씀을 가까이하여 매일 묵상하며 사는 것보다 더 중요한 일은 없다. 평신도 리더인 순장의 역동적인 사역을 위해 이것은 최우선 순위에 두어야 할 가장 중요한 것이다.

1) 하나님 말씀을 경험하라

순장이 대화 주제를 일상적인 내용이나 시사·상식이 아닌 말씀의 은혜로 나눔을 이끌 수 있다면, 순원을 영적으로 건강하게 성장시킬 수 있을 것이다. 순장이 지식적으로 만물박사가 될 필요는 없다. 자신의 삶에서 하나님의 뜻을 잘 분별하여 하나님의 은혜를 경험하고 있다면, 순원을 영적으로 잘 인도할 수 있다. 순모임이 말씀을 통해 삶의 현장에서 일하시는 하나님을 증거하는 모임이 되면, 그 모임으로 하나님의 이름을 높여 드리게 될 것이며 순원들은 자연스럽게 영적인 성장을 보일 것이다.

단지 인간적으로 좋은 순장님으로 인식되는 정도라면, 그 순장은 순원들에게 하나님의 풍성한 은혜를 경험하게 할 수 없다. 매번 하나님의 말씀 잔치가 풍성한 순모임이 되도록 하면, 하나님을 의심하는 부정적인 성향의 순원도 하나님을 경험하려고 노력할 것이다.

먼저 순장이 하나님 말씀을 확신하고 순종하는 삶을 살아갈 때, 순원들 역시 하나님 말씀에 순종할 것이다.

이런 점에서 기도 응답과 말씀 묵상으로 널리 알려진 조지 뮐러George Muller의 말은 시사하는 바가 크다고 할 수 있다.

> "기도와 묵상을 통해 성령의 가르침을 받을 때 우리의 마음이 채움을 입게 됩니다. 우리를 겸손하게 해 주며 우리에게 기쁨을 가져다 주고, 우리를 하나님께 더 가까이 이끌어 주며, 이러한 지식은 반박의 여지도 거의 없습니다. 그리고 이것은 하나님으로부터 직접 온 것이기 때문에 우리 마음속에 파고 들어 우리의 한 부분이 되고, 또 삶으로 나타나게 됩니다."**

순장이 하나님의 말씀을 경험하는 것이야말로 순원들에게

** A. 심즈(A. Sims) 저, 네비게이토출판사, 『조지 뮐러, 믿음의 사람』 *George Mueller Man of Faith*, p59-60

하나님의 풍성한 은혜를 경험하게 하는 가장 확실한 방법임을 기억하자.

2) 매일 기도하라

순장은 영혼을 담당한 자들이다. 영혼에 대한 방심과 방치는 엄연히 직무유기다. 순장은 하루도 빠지지 않고 순원의 기도제목을 마음에 두고 함께 기도해야 한다. 그리고 기도 응답을 체험해야 한다. 순장은 순원의 영적인 문제와 일상적인 문제를 가지고 간절하게 기도해야 하는 것이다.

정상적인 부모라면 자녀를 위해 매일 기도하며 바르게 성장하기를 원할 것이다. 기도는 진정성의 표현이다. 기도 없이 순원 앞에서 아무리 웃으며 사랑을 표현한다 해도, 그 사랑은 결코 세상적인 수준을 벗어날 수 없다. 매일 기도하는 것은 순원에 대한 사랑뿐 아니라 하나님을 신뢰하는 표현이기도 하다. 하나님께 순원의 성장을 의탁하는 것이다.

순장의 기도생활은 순원들을 기도하는 분위기로 이끌게 된다. 기도를 통해 응답받기 시작하면 순모임 역시 하나님께 응답받은 살아 있는 간증이 나오기 시작할 것이다. 그러면 순원들은 자신의 기도제목을 내어 놓을 것이다. 그리고 기도 응답으로 매일 기대와 기쁨이 넘치는 순모임이 될 것이다.

3) 지속적으로 전도하라

순장이 리더십을 가졌다고 해도 전도하지 않으면 순모임은 활기를 잃게 된다. 시간이 지나면서 순원이 줄어들고 결국 순장 혼자만 남게 되는 경우를 간혹 보게 된다.

전도는 교회가 존재하는 목적이며 주님의 뜻을 이루어 드리는 일이다. 전도를 하면 성령의 도우심을 경험하게 되며, 복음의 감격을 가지고 사역하게 된다. 전도는 모든 사역의 시작이다. 전도가 없다면 교회도 없고 순모임도 없다. 한 영혼이 주님께 돌아오는 감격과 기쁨을 맛보는 순모임은 생기가 있다. 성령 하나님이 함께하시는 전도는 주님 앞에 갈 때까지 쉴 수 없는 진행형이다.

전도를 통해 누리는 비밀과 축복은 말로 다 할 수 없을 만큼 크다. 순장을 통해 복음을 받아 영생을 얻은 순원은 순장에게 감사하고 순장의 인도를 따르게 된다. 전도하면 순장도 살고 순원도 산다. 물론, 불신자들도 살게 된다. 하나님이 가장 기뻐하시는 일에 최대한 열심을 가지라. 그럴 때 비로소 탁월한 리더가 될 수 있다.

어느 형제가 순장을 기억하면서 들려주는 간증이다.

순모임을 하면서 순장님을 통해 전도폭발이란 사역도 알게 되었습니다. 순장님의 권유로 어떤 것인지도 모르면서 1단계 훈련에 지원하게 되었습니다. 알고 보니 순장님은 한

번도 쉬지 않고 전도폭발 사역의 훈련자로 섬기고 계셨습니다. 그런데 어느 날 갑자기 저희 어머니께서 폐암 말기 판정을 받으셨습니다. 그때 복음을 전해야 된다는 생각에 순장님께 말씀을 드렸습니다. 사업장의 일로 바쁘신 와중에도 순장님 부부께서 오셔서 저희 어머니께 복음을 전해 주셨습니다. 그 덕분에 어머니는 예수님을 영접하셨고, 하나님께서 예비하신 영원한 처소인 천국으로 가실 수 있었습니다. 하나님의 놀라우신 사랑과 은혜에 깊은 감사를 느낀 시간이었습니다. 또한 순장님의 영혼을 사랑하는 마음과 깊은 헌신과 섬김에 큰 감동을 받았습니다.

4) 하나님의 마음을 흡족하게 해 드리는 예배자가 되라

하나님이 사람을 창조하신 이래, 최초의 그리고 최대의 충격적인 일은 가인의 살인 사건이었을 것이다. 이 사건은 아담 부부에게 가장 큰 고통일 뿐 아니라 하나님께도 엄청난 충격이었을 것이다. 이 사건은 바로 예배의 실패자 가인이 저지른 일이다.

가인은 땅에서 나온 소산물을 하나님께 드리고, 아벨은 양의 첫 새끼와 기름을 하나님께 드렸다. 그런데 하나님은 가인의 제물은 받지 않으시고, 아벨의 제물만 받으셨다. 오늘도 하나님은 진정으로 예배 드리는 자를 찾으신다. 요한복음 4장 23절의 말씀이다.

"아버지께 참되게 예배하는 자들은 영과 진리로 예배할 때가 오나니 곧 이 때라 아버지께서는 자기에게 이렇게 예배하는 자들을 찾으시느니라"

하나님은 왜 아벨의 제물만 받으셨을까? 아벨의 제물은 하나님의 마음을 흡족하게 해 드렸다. 히브리서 11장 4절의 말씀에 그 답이 있다.

"믿음으로 아벨은 가인보다 더 나은 제사를 하나님께 드림으로 의로운 자라 하시는 증거를 얻었으니…"

예배의 핵심은 하나님이 받으셔야 한다는 것이다. 하나님의 마음에 들어야 한다는 것이다. 아벨은 첫 새끼와 그 기름으로 드렸다. 이는 아벨이 얼마나 정성을 듬뿍 담아 드렸는지를 알 수 있다. 이와 반대로 가인에 대해서는 '땅의 소산으로 드렸다'는 말만 기록되어 있다. 땅의 소산 중에 처음 것을 드렸다거나 가장 좋은 것을 드렸다는 말은 없다. 단지 드린 것뿐이다. 하나님은 정성을 듬뿍 담아 드리는 예배를 원하신다.
성도들은 예배를 드리기 위해 구원 받았다. 예배가 먼저이고 그 다음에 사역도 있다. 순장들이 사역에는 열심이지만 예배 시간에는 정작 졸고 있거나 딴 생각을 하고 있다면 가인의 제사와 다를 바 없다. 전심으로 예배 드리고 하나님의 일을 하는 자가 진정한 예배자다. 그런 사람이 하나님의 마음을 흡족하게 해 드릴 뿐 아니라 삶 속에서도 하나님의 영광을 드러낼 수 있다.

하나님이 흡족해 하시고 기뻐하시는 예배를 드리고 있는지 자신의 모습을 다시 살펴보자. 예배를 사모하며 기대하자. 시편 기자의 고백처럼 말이다.

> "하나님이여 주는 나의 하나님이시라 내가 간절히 주를 찾되 물이 없어 마르고 황폐한 땅에서 내 영혼이 주를 갈망하며 내 육체가 주를 앙모하나이다" _ 시 63:1

또한 예배를 위해 정성껏 준비해야 한다. 그래야만 하나님의 임재하심을 경험할 수 있다. 가인의 인생 실패는 예배의 실패에서부터 시작되었다. 인류 최초의 살인 사건은 후세의 성도들에게 예배에 성공하는 자는 인생도 성공하지만, 예배의 실패자는 인생도 실패함을 보여주는 예라고 볼 수 있다. "인간의 능력은 그가 드리는 예배로 평가 되어야 한다"는 누군가의 말처럼 하나님 마음을 흡족하게 해 드리는 예배자가 되자.

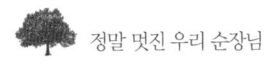
정말 멋진 우리 순장님

거침 없는 우리 순장님

강은정

아들이 아파 병원에 들러 진료를 받고 약을 지으러 간 약국에서 처음으로 지금의 순장님을 만나게 되었습니다. 순장님과 이런저런 이야기를 나누던 중 순장님은 저희 집에 놀러 오겠다고 하셨습니다. 저는 그때 '설마 진짜로 오겠어?'라고 생각하면서 순장님의 친절한 말에 "네, 오세요"라고 대답했습니다. 그런데 정말 며칠 후 순장님이 찾아오셨습니다. 그렇게 순장님께 전도를 받게 되었고, 마침 신앙생활을 할 교회를 찾고 있던 터라 한번 가보자는 생각으로 교회에 첫발을 들여놓게 되었습니다.

처음 교회에 나온 날부터 순장님은 최선을 다해 저를 섬겨 주셨고, 늘 밝게 웃는 순장님의 모습을 뵐 때면 정말 참 그리스도인 같다는 생각을 하곤 했습니다. 순장님의 보살핌 속에 해피 타임***을 듣고 수료할 때까지, 저는 순장님뿐 아니라 교회를 보며 계속 놀라게 되었습니다. 열정적인 전도는 물론, 서로 섬기기 위해 노력하는 성도들의 모습은 저에게 신선한 충격이었습니다. 특히 순장님의 전도 열정은 이제까지 제가 알던 모든 신앙인들 중 최고였습

*** 평택대광교회의 새신자 인도 프로그램

니다. 제가 본 전도는 기껏해야 전도지를 나누어 주며 "예수님 믿으세요"라고 말하는 것이 전부였기 때문입니다.

순원이 되고 가까이에서 지켜보는 순장님의 전도 열정은 제가 생각했던 것보다 더 뜨겁다는 것을 알 수 있었습니다. 처음에는 '저렇게까지 해야 되나' 하는 생각까지 들었습니다. 전도에 대한 이야기를 할 때마다 마음속에 새겨듣기보다는 한 귀로 듣고 한 귀로 흘리곤 했습니다. 그러나 순장님의 모습을 곁에서 지켜보며 전도라는 것이 그냥 교회 나오라는 이야기만 하는 것이 아니라, 진정으로 한 영혼을 귀하게 여기며 예수님께 인도하려는 마음임을 느낄 수 있었습니다.

한번은 순장님이 알고 지내던 전도 대상자가 우리 아파트에 이사 왔다며 동, 호수를 알려 주셨습니다. 가까우니 한번 올라가 보라는 것이었습니다. 저와는 얼굴도 한번 본 적 없는 사이라 계속 미루고 있었습니다. 그러다 어느 날 놀이터에서 한 엄마를 만났는데 이야기하다 보니 순장님이 말한 그 대상자였습니다. 며칠 후 순장님과 대상자 집을 방문했습니다. 일상생활을 이야기하면서 바로 교회와 해피 타임 인도 등 전해야 할 것을 대상자의 눈치를 보지 않고 전하는 순장님의 모습에서 전도자의 카리스마까지 느낄 수 있었습니다. 교제 후 그 대상자를 집으로 초대했는데 거절을 당했습니다. 주눅이 들어 있던 터에 순장님께 전화가 왔습니다. 대상자 이야기를 했더니 그럼 시간을 두고 천천히 교제하면서 인도하자고 하셨습니다. 마치 잃어버린 양을 찾기 위해 힘쓰고 애쓰는 목자의 모습을 보는 것 같았습니다. 거절하는 그 한 마디에 포기하려고 했던 저에게도 큰 힘이 되었습니다. 순장님과 함께 그 대상자를 더욱 열심히 섬겨 주님께 인도하기까지 기도하며 전도할 것입니다.

처음 만났을 때부터 지금까지 순장님의 섬기는 모습은 늘 한결같습니다. 겉으로만 섬기는 것이 아니라 섬김을 통해 사랑하는 마음까지도 전해 주십니다. 맛있는 것, 좋은 것이 있으면 먼저 순원들을 챙겨 주시는 순장님을 보면서 친정 엄마의 푸근함을 느끼기도 합니다. 경제적인 문제로 어려워하셨던 순장님은 상황을 탓하기보다 순원들에게 더 많은 것으로 섬길 수 없음을 못내 안타까워하셨습니다.

제자훈련과 이사하는 날이 겹치게 된 적이 있습니다. 남편은 부동산과 은행을 오가야 하는 상황이라, 이삿짐 싸는 것을 지켜볼 사람이 없어 걱정이 되었습니다. 순모임에서 사정을 이야기했더니 순장님께서는 1초의 망설임도 없이 자신이 이삿짐 싸는 것을 봐 줄 테니 걱정하지 말고 제자훈련 받고 점심 식사까지 하고 오라셨습니다. 순장님 덕분에 저는 그날 마음 편히 제자훈련을 받을 수 있었습니다. 단편적인 일이지만 순원의 일을 거리낌 없이 자기 일처럼 생각해 주시는 순장님을 보며 마치 예수님의 섬기는 모습을 보는 것 같았습니다.

순원이 되고 얼마 되지 않아 순장님께 처음 문자 메시지를 받은 적이 있습니다. 그 메시지의 마지막에는 '자매님, 사랑합니다'

라고 적혀 있었는데, 저에게는 너무나 감동적이었습니다. 가족 간에도 사랑한다는 말을 하기란 어려운데, 그 문자 메시지를 받아 보며 순장님의 사랑이 뜨겁게 전해져 왔습니다.

아이가 아플 때마다 순장님 기도해 달라고 꼭 문자 메시지를 보냅니다. 그리고 나면 아이를 위해 간절히 기도해 줄 순장님 덕분에 마음이 편안해집니다. 예수님이 나를 위해 중보기도하시듯 순장님께서 날 위해 기도해 주신다는 생각에 감사하고 든든합니다.

진정한 섬김의 본을 보여주시는 순장님처럼 저도 누군가에게 섬김의 본이 되는 사람이 되길 다짐합니다.

하나님이여 주는 나의 하나님이시라 내가 간절히 주를 찾되 물이 없어 마르고 황폐한 땅에서 내 영혼이 주를 갈망하며 내 육체가 주를 앙모하나이다 _시 63:1

6
성경 속 섬김의 리더

아이숲

순장의 가장 이상적인 모델은 성경에 나오는 인물들이다. 그들에게는 한결같은 공통점이 있다. 그들은 자신을 종이라 불렀는데, 그들의 의식 속에는 한결같이 섬김의 정신이 흐르고 있었다. 그들은 다른 사람들에게 하나님의 살아 계심을 알리고 하나님의 뜻을 드러내므로 이 땅에 하나님의 뜻을 이루기 위해 노력했다.

 누군가가 교회에서 순원에게 왜 순장을 존경하는지 그 이유를 물어봤다. 그러자 순장의 명예나 재능, 학식이나 부요가 아니라 한결같이 겸손하게 섬기는 모습에 감동을 받아 존경한다는 대답이 돌아왔다. 그리고 섬기는 우리 순장님이 최고라고 말하며, 섬기는 교회의 지체가 된 것이 자랑스럽다고 말했다. 또한 순장님의 섬김을 받고 자신이 이만큼 영적으로 성장했으니 자신도 또 다른 지체를 섬기는 자로 하나님께 기쁨을 드리는 사람이 되고 싶다고 덧붙였다. 이처럼 섬김의 모습을 가진 리더가 되기 위해, 이번 장에서는 성경에 나오는 참된 리더들을 통해 섬김의 모습을 배우도록 하자.

1) 아브라함

믿음의 사람으로 성장하기 위해 살펴볼 가장 좋은 모델은 아브라함이다. 창세기 18장을 보면 아브라함이 어떤 사람인지 알 수 있다.

"여호와께서 마므레의 상수리나무들이 있는 곳에서 아브라함에게 나타나시니라 날이 뜨거울 때에 그가 장막 문에 앉아 있다가 눈을 들어 본즉 사람 셋이 맞은편에 서 있는지라 그가 그들을 보자 곧 장막 문에서 달려나가 영접하며 몸을 땅에 굽혀 이르되 내 주여 내가 주께 은혜를 입었사오면 원하건대 종을 떠나 지나가지 마시옵고 물을 조금 가져오게 하사 당신들의 발을 씻으시고 나무 아래에서 쉬소서"_ 창 18:1-4

아브라함은 자신의 눈에 인간으로 보이는 하나님과 두 천사를 극진히 섬겼다. 아브라함의 섬김에는 어떤 의도가 없었다. 자신의 이해타산을 위한 섬김이 아니었기에 진실한 마음으로 대접하기를 원했다. 아브라함의 섬김을 보면 그가 얼마나 극진하게 섬겼는지 알 수 있다. 아브라함은 그들을 보고, 자기 장막에서 달려 나와 땅에 엎드려 그들을 맞이했다. 그리고 적극적으로 환대했다.

"물을 조금 가져오게 하사 당신들의 발을 씻으시고 나무 아래에서 쉬소서 내가 떡을 조금 가져오리니 당신들의 마음을 상쾌하게 하신 후에 지나가소서 당신들이 종에게 오셨음이니이다 그들이 이르되 네 말대로 그리하라 내가 떡을 조금 가져오리니 당신들의 마음을 상쾌하게 하신 후에 지나가소서 당신들이 종에게 오셨음이니이다 그들이 이르되 네 말대로 그리하라 아브라함이 급히 장막으로 가서 사라에게 이르되 속히 고운 가루 세 스아를 가져다가 반죽하여 떡을 만들라 하고 아브라함이 또 가축 떼 있는 곳으로 달려가서 기름지고 좋은 송아지를 잡아 하인에게 주니 그가 급히 요리한지라 아브라함이 엉긴 젖과 우유와 하인이 요리한 송아지를 가져다가 그들 앞에 차려 놓고 나무 아래에 모셔 서매 그들이 먹으니라"_ 창 18:4-8

아브라함은 끝까지 최선을 다해 상대의 필요를 채워주기 위해 노력했다. 손님들 섬기는 일을 하인들에게 미루지 않았다. 자신이 직접 발로 뛰며 섬겼다. 그는 급히 장막으로 가서 사라에게 떡 만들 것을 말하고, 이어서 가축 떼가 있는 곳으로 달려가서 좋은 송아지를 잡아 하인들에게 주어 요리하도록 했다. 송아지 고기는 지금도 최고의 음식 재료다. 아브라함은 손님들에게 최대한 빨리 좋은 음식을 대접하기 위해 노력했다. 또한 그는 송아지 요리 외에 버터와 우유까지 준비했고, 자신이 직접 식사 시중까지 들고 있다.

8절을 보면 섬김의 사람 아브라함의 모습을 더욱 자세히 연상해 볼 수 있다.

"아브라함이 엉긴 젖과 우유와 하인이 요리한 송아지를 가져다가 그들 앞에 차려 놓고 나무 아래에 모셔 서매 그들이 먹으니라"

여기서 '모셔 서매'라는 말은 나그네들에게 식사를 베푼 아브라함이 시중을 들기 위해 곁에서 대기하고 있었다는 뜻이다. 종을 시킬 수도 있지만 아브라함은 직접 섬겼다. '집사'라는 뜻의 헬라어 '디아코노스$_{διάκονος}$'는 '식탁이나 다른 천한 일에 시중드는 자'라는 뜻이다. 이 단어의 기원이 아브라함이 아닌가 하는 생각이 들 만큼 섬김의 모습을 감동적으로 보여 주고 있다.

2) 리브가

"이에 종이 그 주인의 낙타 중 열 필을 끌고 떠났는데 곧 그의 주인의 모든 좋은 것을 가지고 떠나 메소보다미아로 가서 나홀의 성에 이르러 그 낙타를 성 밖 우물 곁에 꿇렸으니 저녁때라 여인들이 물을 길으러 나올 때였더라 그가 이르되 우리

주인 아브라함의 하나님 여호와여 원하건대 오늘 나에게 순조
롭게 만나게 하사 내 주인 아브라함에게 은혜를 베푸시옵소서
성 중 사람의 딸들이 물 길으러 나오겠사오니 내가 우물 곁에
서 있다가 한 소녀에게 이르기를 청하건대 너는 물동이를 기
울여 나로 마시게 하라 하리니 그의 대답이 마시라 내가 당신
의 낙타에게도 마시게 하리라 하면 그는 주께서 주의 종 이삭
을 위하여 정하신 자라 이로 말미암아 주께서 내 주인에게 은
혜 베푸심을 내가 알겠나이다 말을 마치기도 전에 리브가가
물동이를 어깨에 메고 나오니 그는 아브라함의 동생 나홀의
아내 밀가의 아들 브두엘의 소생이라 그 소녀는 보기에 심히
아리땁고 지금까지 남자가 가까이 하지 아니한 처녀더라 그가
우물로 내려가서 물을 그 물동이에 채워가지고 올라오는지라
종이 마주 달려가서 이르되 청하건대 네 물동이의 물을 내게
조금 마시게 하라"_ 창 24:10-17

아브라함의 종은 이삭의 신부감을 구하기 위해 메소포타
미아에 있는 나홀의 성 우물 곁으로 간다. 그는 이삭의 신붓
감을 고르기 전 하나님께 기도한다. 기도의 내용은 물 길으러
나오는 성의 여자에게 물동이에 있는 물을 먹게 해 달라고
했을 때, 그 여자가 자신이 마실 물뿐 아니라 낙타들에게까지
물을 먹인다면 이삭의 신붓감으로 알겠다는 것이다.
그때 아브라함의 친족인 브두엘의 딸 리브가가 우물가로

나와 아브라함의 종과 모든 낙타에게 마실 물을 준다. 리브가의 자세를 살펴보자. 얼마나 섬김에 적극적인지 모른다.

"그가 이르되 내 주여 마시소서 하며 급히 그 물동이를 손에 내려 마시게 하고 마시게 하기를 다하고 이르되 당신의 낙타를 위하여서도 물을 길어 그것들도 배불리 마시게 하리이다 하고 급히 물동이의 물을 구유에 붓고 다시 길으려고 우물로 달려가서 모든 낙타를 위하여 긷는지라"_ 창 24:18-20

리브가는 아브라함의 종의 마음을 전혀 모르는 상태에서 그가 끌고 온 열 필의 낙타가 마실 물을 준다. 열 사람에게 대접하는 정도의 물이 아니다. 먼 길을 여행한 낙타 열 마리가 먹을 물의 양은 얼마나 될까? 사막을 걸어온 낙타 한 마리가 먹는 물은 80~100리터 가까이 된다고 한다. 열 마리가 먹은 물의 양은 최소 800리터에 달할 것이다. 요즘 음료수 큰 병이 1.5리터인 것을 감안하면 리브가가 주었던 물의 양이 얼마나 많았는지 가늠해 볼 수 있다. 그 많은 물을 길어 나르려면 최소 한두 시간의 노력이 필요했을 것이다. 아리따운 처녀의 섬김을 묵묵히 바라보면서 종은 마음속으로 깊이 감탄하였을 것이다.

아브라함의 종은 "네 물동이의 물을 조금 마시게 하라"고 했지만 리브가는 땀을 흘리며 최선을 다했다. 상대가 요구하는 기대치를 훨씬 넘어선 리브가의 섬김은 믿음의 조상 아브라함의 자부가 되고 이삭의 아내가 되는 복을 가져왔다. 하나님은 최선을 다한 섬김을 기억하신다. 리브가가 믿음의 가문에 속하기 위한 조건은 바로 섬김이었다.

3) 요셉

"요셉이 이끌려 애굽에 내려가매 바로의 신하 친위대장 애굽 사람 보디발이 그를 그리로 데려간 이스마엘 사람의 손에서 요셉을 사니라 여호와께서 요셉과 함께 하시므로 그가 형통한 자가 되어 그의 주인 애굽 사람의 집에 있으니 그의 주인이 여호와께서 그와 함께 하심을 보며 또 여호와께서 그의 범사에 형통하게 하심을 보았더라 요셉이 그의 주인에게 은혜를 입어 섬기매 그가 요셉을 가정 총무로 삼고 자기의 소유를 다 그의 손에 위탁하니" _ 창 39:1-4

요셉이 애굽 바로의 친위대장 보디발의 집에 종으로 팔려 갔다. 이는 요셉의 뜻과는 전혀 상관없는 결과였지만 요셉은 하나님이 자신에게 주인으로 허락한 보디발을 진정으로 섬겼다. 요셉은 종으로 내려간 자신의 신분까지도 하나님이 의도하신 뜻임을 인정하고, 하나님 앞에서 자신에게 맡겨진 일에 최선을 다했다. 그렇게 한결같은 섬김을 보인 요셉은 보디발의 신임과 사랑을 독차지하게 된다.

4절, '요셉이 그의 주인에게 은혜를 입어'라는 말씀을 통해 요셉은 다른 종과 달리 특별한 대상이었음을 알 수 있다. 하나님이 주신 일이 비록 천하게 보이는 종의 일일지라도 성심껏 행하는 모습은 주인의 마음을 감동시키기에 충분했을 것이다.

그리하여 주인인 보디발은 요셉에게 자기의 집과 그 모든 소유물을 주관하는 권한까지도 위임하게 된다.

"그가 요셉에게 자기의 집과 그의 모든 소유물을 주관하게 한 때부터 여호와께서 요셉을 위하여 그 애굽 사람의 집에 복을 내리시므로 여호와의 복이 그의 집과 밭에 있는 모든 소유에 미친지라." _ 창 39:5

하나님도 요셉의 이 모습을 귀하게 보셔서 보디발의 집에까지 복을 부어 주셨다. 또한 요셉의 철저한 섬김 정신은 보디발의 아내의 유혹으로부터 자신을 지킴으로써 자기 명예와 하나님의 사람으로서의 자존심까지 지키게 된다.

"이 집에는 나보다 큰 이가 없으며 주인이 아무것도 내게 금하지 아니하였어도 금한 것은 당신 뿐이니 당신은 그의 아내임이라 그런즉 내가 어찌 이 큰 악을 행하여 하나님께 죄를 지으리이까"
_ 창 39:9

섬김의 정신은 자신의 욕심이나 쾌락을 추구하지 않는다. 섬김은 지금 잠깐의 상황보다 더 멀리 바라보는 미래 지향적인 자세다. 그렇기에 섬김의 자세는 잠시 즐거움을 주는 죄의 유혹을 과감하게 떨쳐버릴 수 있게 한다.

요셉의 섬김 정신은 이후 감옥을 거쳐 애굽의 총리가 되어 그 찬란한 빛을 더욱 발하게 된다. 그리고 수많은 사람들의 입술을 통해 하나님의 이름을 높여 드린다.

"바로가 그 신하들에게 이르되 이와 같이 하나님의 영에 감동된 사람을 우리가 어찌 찾을 수 있으리요…"_ 창 41:38

그렇다. 섬김의 힘은 모든 사람에게 하나님의 영광을 드러낸다. 섬김은 이 세상에서 가장 강력한 리더십인 것이다.

4) 모세

◆ 첫 번째 사건

"모세가 홍해에서 이스라엘을 인도하매 그들이 나와서 수르 광야로 들어가서 거기서 사흘길을 걸었으나 물을 얻지 못하고 마라에 이르렀더니 그 곳 물이 써서 마시지 못하겠으므로 그 이름을 마라라 하였더라 백성이 모세에게 원망하여 이르되 우리가 무엇을 마실까 하매 모세가 여호와께 부르짖었더니 여호와께서 그에게 한 나무를 가리키시니 그가 물에 던지니 물이 달게 되었더라 거기서 여호와께서 그들을 위하여 법도와 율례를 정하시고 그들을 시험하실새"_ 출 15:22-25

◆ 두 번째 사건
"이스라엘 자손의 온 회중이 여호와의 명령대로 신 광야에서 떠나 그 노정대로 행하여 르비딤에 장막을 쳤으나 백성이 마실 물이 없는지라 백성이 모세와 다투어 이르되 우리에게 물을 주어 마시게 하라 모세가 그들에게 이르되 너희가 어찌하여 나와 다투느냐 너희가 어찌하여 여호와를 시험하느냐 거기서 백성이 목이 말라 물을 찾으매 그들이 모세에게 대하여 원망하여 이르되 당신이 어찌하여 우리를 애굽에서 인도해 내어서 우리와 우리 자녀와 우리 가축이 목말라 죽게 하느냐 모세가 여호와께 부르짖어 이르되 내가 이 백성에게 어떻게 하리이까 그들이 조금 있으면 내게 돌을 던지겠나이다"_ 출 17:1-4

◆ 세 번째 사건
"여호와께서 모세에게 이르시되 너는 내려가라 네가 애굽 땅에서 인도하여 낸 네 백성이 부패하였도다 그들이 내가 그들에게 명령한 길을 속히 떠나 자기를 위하여 송아지를 부어 만들고 그것을 예배하며 그것에게 제물을 드리며 말하기를 이스라엘아 이는 너희를 애굽 땅에서 인도하여 낸 너희 신이라 하였도다 여호와께서 또 모세에게 이르시되 내가 이 백성을 보니 목이 뻣뻣한 백성이로다 그런즉 내가 하는 대로 두라 내가 그들에게 진노하여 그들을 진멸하고 너를 큰 나라가 되게 하리라 모세가 그의 하나님 여호와께 구하여 이르되 여호와여 어찌하여 그 큰 권능과 강한 손으로 애굽 땅에서 인도하여 내신 주의 백성에게 진노하시나이까 어찌하여 애굽 사람들이 이르기를 여호와가 자기의 백성을 산에서 죽이고 지면에서 진멸하려는 악한 의도로 인도해 내었다고 말하게 하시려 하나이까 주의 맹렬한 노를 그치시고 뜻을 돌이키사 주의 백성에게 이 화를 내리지 마옵소서 주의 종 아브라함과 이삭과 이스라엘을 기억하소서 주께서 그들을 위하여 주를 가리켜 맹세하여 이르시기를 내가 너희의 자손을 하늘의 별처럼 많게 하고 내가 허락한 이 온 땅을 너희의 자손에게 주어 영원한 기업이 되게 하리라 하셨나이다 여호와께서 뜻을 돌이키사 말씀하신 화를 그 백성에게 내리지 아니하시니라"_ 출 32:7-14

하나님은 모세를 향해 이 땅에서 가장 온유한 사람이라고 말씀하시고 있다.

"이 사람 모세는 온유함이 지면의 모든 사람보다 더하더라"

_ 민 12:3

모세는 모든 일에서 자신의 뜻대로 행하는 법이 없었다. 이스라엘 백성들의 거듭된 불평과 원망 가운데서도 이스라엘 백성을 향한 사랑과 긍휼의 마음을 잃지 않았다.

그 첫 번째 사건은 이스라엘 백성이 홍해를 건넌 기쁨과 감격이 식기도 전에 수르 광야에서 일어났다. 이스라엘 백성들은 광야에서 3일 길을 걸었지만 물을 찾지 못했다. 마라에 이르러 물을 발견했지만 물이 써서 마실 수가 없었다. 그러자 그들은 모세에게 불평을 늘어놓으며 "우리가 무엇을 마셔야 한단 말인가"하고 따진다. 그때 모세가 하나님께 부르짖었고, 하나님은 모세에게 어떤 나무를 물에 던지게 하시므로 물이 단물로 변하도록 하신다.

모세가 이스라엘 백성들에게 보여준 한결같은 사랑과 섬김은 이 사건뿐만이 아니다. 수르 광야의 사건 이후, 이스라엘 모든 무리가 신 광야를 떠나 르비딤에 진을 쳤지만 그곳에 마실 물이 없자 또다시 모세에게 대들며 "마실 물을 달라. 우리를 애굽에서 우리의 자식들과 우리의 가축들을 목말라 죽게 하려고 데려 왔는가"라고 불평을 늘어놓는다. 이에 모세가 여호와께 이스라엘 백성들을 위하여 다시 부르짖어 기도할 때 하나님은 모세에게 반석에서 물을 내도록 하신다.

모세의 출애굽 과정 중 가장 큰 사건인 세 번째 사건은 이스라엘 백성들이 금송아지를 만들어 제물로 바쳐 하나님을 진노하게 만든 일이다. 하나님은 급기야 "이스라엘 백성을 멸망시키고 모세를 통해 큰 민족을 만들어 주겠다"고 말씀하신다. 그러나 모세는 하나님께 매달려 기도한다.

"어찌하여 주님의 백성에게 노여워하십니까? 주님의 크신 능력과 힘으로 애굽에서 이 백성을 인도해 내지 않으셨습니까? 주님께서 이 백성을 멸하시면 애굽 백성이 '여호와가 이스라엘 백성을 애굽에서 인도해낸 것은 산에서 죽이고 이 땅 위에서 멸망시키기 위함이었구나' 라고 말할 것 아닙니까? 그러니 노여움을 거두시고 재앙을 내리지 마십시오"

모세의 이 간절한 기도에 하나님은 뜻하셨던 바를 거두시고 이스라엘 백성을 멸망시키지 않으셨다.

모세의 마지막 40년은 그의 백성을 위해 기도로 매달렸다. 자기 민족을 위해 모세만큼 기도로 섬긴 경우도 없을 것이다. 끊임없이 원망하며 대드는 이스라엘 백성을 향한 한결같은 그의 마음은 바로 섬김의 영성으로 가득 찬 리더의 마음이다. 백성들에게 당하는 모멸감과 지속적인 불평 앞에서도 자신의 지위를 이용하여 세상 왕처럼 권세를 사용하지 않았고, 분노의 마음으로 창과 칼을 들고 위협하지도 않았다. 오직 하나님께 무릎을 꿇고 기도함으로, 이스라엘 백성을 위해 최선을 다했다. 모세는 일생 동안 하나님의 뜻을 받들어 이스라엘 백성이 약속의 땅으로 들어갈 수 있도록 섬겼다.

순장 사역을 감당하며 순원의 지속적인 불평과 도전 그리고 무관심에 대해 모세의 마음을 달라고 기도해 보지 않겠는가? 모세가 이 땅에서 사역을 마치고 하나님께 부르심을 받던 날, 이스라엘 백성은 슬퍼하며 30일 동안이나 울었다. 슬퍼하는 기간이 끝날 때까지 아무도 모압 평지에서 움직이지 않았다. 모세의 섬김은 후세의 모든 사역자들이 마음에 담고 본받아야 할 것이다.

"모세가 죽을 때 나이 백이십 세였으나 그의 눈이 흐리지 아니하였고 기력이 쇠하지 아니하였더라 이스라엘 자손이 모압 평지에서 모세를 위하여 애곡하는 기간이 끝나도록 모세를 위하여 삼십 일을 애곡하니라"_ 신 34:7-8

5) 여호수아

"여호와의 종 모세가 죽은 후에 여호와께서 모세의 수종자 눈의 아들 여호수아에게 말씀하여 이르시되 내 종 모세가 죽었으니 이제 너는 이 모든 백성과 더불어 일어나 이 요단을 건너 내가 그들 곧 이스라엘 자손에게 주는 그 땅으로 가라 내가 모세에게 말한 바와 같이 너희 발바닥으로 밟는 곳은 모두 내가 너희에게 주었노니 곧 광야와 이 레바논에서부터 큰 강 곧 유브라데 강까지 헷 족속의 온 땅과 또 해 지는 쪽 대해까지 너희의 영토가 되리라 네 평생에 너를 능히 대적할 자가 없으리니 내가 모세와 함께 있었던 것 같이 너와 함께 있을 것임이니라 내가 너를 떠나지 아니하며 버리지 아니하리니 강하고 담대하라 너는 내가 그들의 조상에게 맹세하여 그들에게 주리라 한 땅을 이 백성에게 차지하게 하리라 오직 강하고 극히 담대하여 나의 종 모세가 네게 명령한 그 율법을 다 지켜 행하고 우로나 좌로나 치우치지 말라 그리하면 어디로 가든지 형통하리니 이 율법책을 네 입에서 떠나지 말게 하며 주야로 그것을 묵상하여 그 안에 기록된 대로 다 지켜 행하라 그리하면 네 길이 평탄하게 될 것이며 네가 형통하리라 내가 네게 명령한 것이 아니냐 강하고 담대하라 두려워하지 말며 놀라지 말라 네가 어디로 가든지 네 하나님 여호와가 너와 함께 하느니라 하시니라"_ 수 1:1-9

모세의 뒤를 이어 이스라엘의 지도자가 된 여호수아는 하나님의 말씀을 최우선에 두고 충실했던 리더다. 여호수아는 모세 아래에서 잘 준비된 지도자였다. 40년 동안 자신에게 맡겨진 일을 충실히 감당하며 모세를 보필했다. 아말렉과의 싸움, 가나안 정탐 등 그동안의 굵직한 일들을 그는 잘 감당했다. 여호수아는 자신에게 주어진 일에 생명을 걸었다. 특히 가나안 정탐꾼 열 명의 반대와 모든 백성이 밤새도록 통곡하는 가운데서도 흔들리지 않고 가나안은 하나님께서 주신 약속의 땅임으로 우리가 정복할 수 있다고 외쳤다. 그의 용기는 하나님이 감동하시기에 충분했을 것이다.

여호수아는 언제나 하나님의 뜻과 민족을 생각했다. 모세의 죽음과 함께 200만 명 이상의 백성들을 이끌 지도자가 되었을 때, 하나님은 여호수아에게 몇 가지 말씀을 주셨다. 하나님이 동행해 주실 것을 약속하셨고, 마음을 강하게 하고 담대히 하여 두려워하지 말라고 하셨다. 그리고 구체적인 방법을 말씀해 주셨다. 하나님이 원하시는 좋은 리더에 대해 말씀하신 것이다. 그 첫 번째가 하나님 말씀을 주야로 묵상하는 것이었고, 두 번째가 지켜 행하라는 말씀이었다. 지극히 기본적인 말씀이지만 하나님은 우선순위에 대해 분명하게 지적해 주신 것이다.

교회에서 봉사하고 열심히 사역하더라도, 하나님 말씀을 매일 가까이 하지 않으면 결코 좋은 리더가 될 수 없다. 자신의 뜻에 따라 열심히 하지만 그 열매가 없거나 미미할 수밖에 없음을 알아야 한다. 오히려 사역을 열심히 하면서도 교회에 문제를 일으키거나 인간관계의 갈등으로 힘들어할 수도 있을 것이다.

말씀을 주야로 묵상하는 리더는 백지 상태와 같은 마음으로 주님의 뜻을 받드는 지도자가 될 수 있다. 오늘날 대부분의 사람은 자기 생각과 뜻을 미리 정한 후에 하나님의 뜻을 구하거나, 아니면 자신의 뜻대로 하나님이 따라와 주시기를 원한다. 그러나 여호수아는 자신의 삶 자체를 하나님의 말씀에 따라 행하였다. 그리고 말씀하시면 지체 없이 행하므로 가나안 정복 전쟁을 잘 수행했다. 하나님은 말씀을 주야로 묵상하며 잘 지켜 행한 여호수아에게 형통을 약속하셨고, 여호수아는 모든 전쟁에서 승리할 수 있었다.

우리가 여호수아처럼 하나님이 가르쳐 주신 가장 이상적인 리더의 조건을 내 것으로 삼는다면 좋은 리더로 바로 설 수 있을 것이다. 지도자는 바뀌어도 하나님의 뜻은 바뀌지 않는다. 모세가 이스라엘 백성을 가나안 입구까지 잘 인도하였다면, 여호수아는 가나안 정복 전쟁을 잘 수행하였다. 모세의 리더십을 이어받아 잘 이뤄낸 것이다.

순장들이 앞선 순장의 좋은 리더십을 잘 계승하여 순원의 영적 성장에 힘쓴다면 순원과 교회에 모두 유익을 줄 것이다. 여호수아는 하나님이 말씀하신 대로 이스라엘 백성을 잘 이끈 가장 이상적인 리더라고 할 수 있다.

6) 느헤미야

"하가랴의 아들 느헤미야의 말이라 아닥사스다 왕 제이십년 기슬르월에 내가 수산 궁에 있는데 내 형제들 가운데 하나인 하나니가 두어 사람과 함께 유다에서 내게 이르렀기로 내가 그 사로잡힘을 면하고 남아 있는 유다와 예루살렘 사람들의 형편을 물은즉 그들이 내게 이르되 사로잡힘을 면하고 남아 있는 자들이 그 지방 거기에서 큰 환난을 당하고 능욕을 받으며 예루살렘 성은 허물어지고 성문들은 불탔다 하는지라 내가 이 말을 듣고 앉아서 울고 수일 동안 슬퍼하며 하늘의 하나님 앞에 금식하며 기도하여 이르되 하늘의 하나님 여호와 크고 두려우신 하나님이여 주를 사랑하고 주의 계명을 지키는 자에게 언약을 지키시며 긍휼을 베푸시는 주여 간구하나이다 이제 종이 주의 종들인 이스라엘 자손을 위하여 주야로 기도하오며 우리 이스라엘 자손이 주께 범죄한 죄들을 자복하오니 주는 귀를 기울이시며 눈을 여시사 종의 기도를 들으시옵소서 나와 내 아버지의 집이 범죄하여 주를 향하여 크게 악을 행하여 주께서 주의 종 모세에게 명령하신 계명과 율례와 규례를 지키지 아니하였나이다 옛적에 주께서 주의 종 모세에게 명령하여 이르시되 만일 너희가 범죄하면 내가 너희를 여러 나라 가운데에 흩을 것이요 만일 내게로 돌아와 내 계명을 지켜 행하면 너희 쫓긴 자가 하늘 끝에 있을지라도 내가 거기서부터 그들을 모아 내 이름을 두려고 택한 곳에 돌아오게 하리라 하신 말씀을 이제 청하건대 기억하옵소서 이들은 주께서 일찍이 큰 권능과 강한 손으로 구속하신 주의 종들이요 주의 백성이니이다 주여 구하오니 귀를 기울이사 종의 기도와 주의 이름을 경외하기를 기뻐하는 종들의 기도를 들으시고 오늘 종이 형통하여 이 사람들 앞에서 은혜를 입게 하옵소서 하였나니 그 때에 내가 왕의 술 관원이 되었느니라"_ 느 1:1-11

페르시아 왕 아닥사스다의 술 맡은 관원 느헤미야는 왕에게 가장 신임을 받던 고위 관리였다. 그는 이스라엘 백성이 환난과 능욕을 당하고, 예루살렘 성이 허물어지고 성문이 불탔다는 소식을 들었다. 그는 여러 날 슬퍼하며 음식도 먹지 않고 하나님께 기도 드렸다. 그리고 결국 페르시아 왕에게 예루살렘으로의 귀환을 허락받는다. 이미 이전에 에스라가 예루살렘 성 건축을 시도했다가 실패한 상황이었지만, 느헤미야는 왕의 허락과 조서 덕분에 52일 만에 성벽을 재건한다.

느헤미야는 자신이 누리고 있던 명예와 부귀영화를 포기했다. 자기 한 몸을 희생하여 나라와 민족을 구한 애국자였다.

한국에 기독교가 처음 들어온 시절, 한국의 성도들도 이러했다. 우리는 이 나라 사랑의 정신과 중보기도를 잊어서는 안될 것이다.

이웃과 민족을 향해 자신의 가장 귀한 것들을 희생하고 포기하는 것은, 섬기는 정신을 가졌기에 가능하다. 섬기는 자는 미래를 여는 자로 개혁의 주체가 될 수 있지만, 섬김을 받기만 원하는 자는 자신의 이익을 추구하며 살기에 개혁의 대상이 될 수밖에 없다. 오늘날 한국 교회에 섬기는 자들이 더욱 늘어날 때 부패한 이 세상도 변화시킬 수 있을 것이다.

느헤미야의 희생과 섬김에서 시작된 개혁은 이스라엘 백성들에게 자주성과 동질성을 회복시키고 살아 계신 하나님에 대한 확신을 심어 주는 계기가 되었다. 하나님과 멀어졌던 이들이 하나님께로 다시 돌아오는 계기가 되었던 것이다.

7) 예수님

"유월절 전에 예수께서 자기가 세상을 떠나 아버지께로 돌아가실 때가 이른 줄 아시고 세상에 있는 자기 사람들을 사랑하시되 끝까지 사랑하시니라 마귀가 벌써 시몬의 아들 가룟 유다의 마음에 예수를 팔려는 생각을 넣었더라 저녁 먹는 중 예수는 아버지께서 모든 것을 자기 손에 맡기신 것과 또 자기가 하나님께로부터 오셨다가 하나님께로 돌아가실 것을 아시고 저녁 잡수시던 자리에서 일어나 겉옷을 벗고 수건을 가져다가 허리에 두르시고 이에 대야에 물을 떠서 제자들의 발을 씻으시고 그 두르신 수건으로 닦기를 시작하여 시몬 베드로에게 이르시니 베드로가 이르되 주여 주께서 내 발을 씻으시나이까 예수께서 대답하여 이르시되 내가 하는 것을 네가 지금은 알지 못하나 이 후에는 알리라 베드로가 이르되 내 발을 절대로 씻지 못하시리이다 예수께서 대답하시되 내가 너를 씻어 주지 아니하면 네가 나와 상관이 없느니라 시몬 베드로가 이르되 주여 내 발뿐 아니라 손과 머리도 씻어 주옵소서 예수께서 이르시되 이 미 목욕한 자는 발밖에 씻을 필요가 없느니라 온 몸이 깨끗하 니라 너희가 깨끗하나 다는 아니니라 하시니 이는 자기를 팔 자가 누구인지 아심이라 그러므로 다는 깨끗하지 아니하다 하 시니라 그들의 발을 씻으신 후에 옷을 입으시고 다시 앉아 그 들에게 이르시되 내가 너희에게 행한 것을 너희가 아느냐 너 희가 나를 선생이라 또는 주라 하니 너희 말이 옳도다 내가 그 러하다 내가 주와 또는 선생이 되어 너희 발을 씻었으니 너희 도 서로 발을 씻어 주는 것이 옳으니라"_ 요 13:1-14

"너희 중에는 그렇지 않아야 하나니 너희 중에 누구든지 크고 자 하는 자는 너희를 섬기는 자가 되고 너희 중에 누구든지 으 뜸이 되고자 하는 자는 너희의 종이 되어야 하리라 인자가 온 것은 섬김을 받으려 함이 아니라 도리어 섬기려 하고 자기 목 숨을 많은 사람의 대속물로 주려 함이니라"_ 마 20:26-28

섬김의 자세 없이 주님을 따라다녔던 가롯 유다의 결말은 너무나 비참했다. 예수님을 통해 자신의 출세를 꿈꾸었던 가 롯 유다가 예수님을 팔 생각을 한 무렵, 예수님은 제자들의 발을 씻기심으로 섬김의 중요성을 몸소 보여주셨다.
오늘날 섬김의 자세가 없는 교회 직분자들은 교회 사역을 방해하여 복음의 문을 막고 교회를 어지럽힌다. 사람의 마음 속 깊이 자리 잡고 있는, 섬김을 받고 인정받기를 원하는 마음은 사탄이 가장 쉽게 이용하는 전유물이다. 특히 사탄은 출세에 눈먼 사람들에게 직분을 매력적인 벼슬로 변장시켜 마음을 흔들 수 있음을 너무나 잘 안다. 지금 이 순간도 사탄은 이 방법을 사용하고 있다. 인정받지 못할 때 차오르는 섭섭함과 분노는 사탄이 주는 마음임을 알아야 한다. 하나님의 아들이신 예수님은 이 땅에서 누구에게도 인정받지 못했지만, 한결같이 겸손하게 종의 자세로 섬기셨고, 마침내 하나님의 뜻을 이루셨다.

예수님이 이 땅에서 사역을 마치실 즈음에 제자들의 발을 씻기신 것은, 모든 성도들이 섬기는 자가 되어 이 땅에 복음이 전파되길 원하셨기 때문이다. 예수님은 자신을 따르는 모든 성도들이 섬기는 자의 마음을 갖기를 원하신 것이다.

섬김은 우리 주님이 이 땅에 오셔서 행하여 보이신 리더십이다. 주님이 주인되신 공동체인 교회나 가정은 오직 섬김의 리더십으로만 건강한 공동체를 만들 수 있다. 세상의 리더십과 반대되는 가장 강력한 리더십이 바로 섬김의 리더십이다.

주님이 우리의 스승이요, 본이 되시듯 순장은 순원의 본이 되어야 한다. 섬기는 순모임은 서로 화목하고 부흥하지만, 섬김을 받으려고만 하는 순모임은 부흥하지 못하고 순원 간의 오해와 갈등이 일어난다. 그러한 순모임은 제자리걸음을 하거나 퇴보할 수밖에 없을 것이다. 순장의 리더십은 예수님과 같은 마음으로 순원들을 섬기고자 할 때에 진정으로 빛을 발한다.

8) 바울

"바울이 이같이 변명하매 베스도가 크게 소리 내어 이르되 바울아 네가 미쳤도다 네 많은 학문이 너를 미치게 한다 하니 바울이 이르되 베스도 각하여 내가 미친 것이 아니요 참되고 온전한 말을 하나이다"_ 행 26:24-25

"그들이 그리스도의 일꾼이냐 정신 없는 말을 하거니와 나는 더욱 그러하도다 내가 수고를 넘치도록 하고 옥에 갇히기도 더 많이 하고 매도 수없이 맞고 여러 번 죽을 뻔하였으니 유대인들에게 사십에서 하나 감한 매를 다섯 번 맞았으며 세 번 태장으로 맞고 한 번 돌로 맞고 세 번 파선하고 일 주야를 깊은 바다에서 지냈으며 여러 번 여행하면서 강의 위험과 강도의 위험과 동족의 위험과 이방인의 위험과 시내의 위험과 광야의 위험과 바다의 위험과 거짓 형제 중의 위험을 당하고 또 수고하며 애쓰고 여러 번 자지 못하고 주리며 목마르고 여러 번 굶고 춥고 헐벗었노라 이 외의 일은 고사하고 아직도 날마다 내 속

에 눌리는 일이 있으니 곧 모든 교회를 위하여 염려하는 것이
라". _ 고후 11:23-28

"나는 선한 싸움을 싸우고 나의 달려갈 길을 마치고 믿음을 지
켰으니 이제 후로는 나를 위하여 의의 면류관이 예비되었으므
로 주 곧 의로우신 재판장이 그 날에 내게 주실 것이며 내게만
아니라 주의 나타나심을 사모하는 모든 자에게도니라"

_ 딤후 4:7-8

영혼 구원에 열정을 다 쏟은 사도 바울은 미쳤다는 소리까지 들으며 전도의 장소를 찾았다. 그가 3차에 걸쳐 복음을 위해 달린 거리는 2만여 킬로미터에 해당한다. 서울과 부산간의 거리가 450킬로미터임을 감안한다면 그 거리를 가히 짐작할 수 있다. 그리고 그동안 바울이 당한 고난과 핍박은 말로 다 할 수 없었다. 감옥에 여러 번 갇혔고, 셀 수 없을 정도로 매를 맞았으며 죽을 고비도 수없이 넘겼다. 유대인들에게 서른아홉 대 맞는 태형을 다섯 번이나 당하였고, 몽둥이로 맞고, 돌에 맞기도 했다.

그뿐인가? 그가 탄 배가 난파된 적이 세 번이나 되었으며, 여행을 하는 동안 강도와 동족 그리고 이방인들에게 위협을 당했다. 황량한 광야와 바다에서도 위험을 당했으며 거짓 신자들로부터 위협받기도 했다. 잠 못 들어 밤을 지샌 적도 많

았고, 배고픔과 목마름에 시달리고, 추위에 떨며 헐벗음의 고통을 받았으며 날마다 모든 교회들에 대한 염려로 마음이 짓눌렸다.

사도 바울은 영혼 구원을 위해 전 생애를 희생하며 섬겼다. 그는 여러 가지 고통과 아픔 가운데서도 확신에 찬 사역을 했다. 주님 앞에서 받을 상급에 대한 확신을 가지고 있었기 때문이다.

그는 흔들림 없는 섬김의 자세로 자신처럼 모든 성도들이 주님 앞에서 상급을 받길 원했다. 바울의 사역은 핍박 가운데서도 기쁨과 감사로 넘쳤다. 어떤 고난도 그에게서 십자가 구원과 은혜에서 오는 기쁨과 감사를 빼앗아 갈 수 없었다. 이러한 바울의 기쁨과 감사는 모든 사람들에게 위로가 되고 힘이 되었다. 바울이 우울해 하며 사역했다면 결코 다른 이들에게 좋은 영향력을 줄 수 없었을 것이다.

이처럼 기쁨과 감사로 살아가는 모습은 진정 가치 있는 섬김이다. 기쁨과 감사로 살아가는 모습은 불신자들의 마음에 파장을 일으켜 그들이 주님을 영접하는 데 좋은 영향력을 준다. 그뿐 아니라 리더가 기쁨과 감사의 삶을 살면 다른 성도들에게도 소망의 삶을 살 수 있도록 하는 원동력이 된다. 사도 바울의 확신에 찬 삶과 기쁨과 감사의 삶은 그가 만난 모든 사람에게 평안과 위로, 용기를 주는 섬김이 되었음을 잊지 말자.

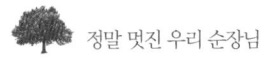

나를 감동시킨 순장님

김정선

평택으로 이사 오기 전 저의 삶은 늘 우울한 일상의 연속이었습니다. 하나님을 믿는다 말했지만 제 안에는 불평과 불만이 가득 차 있었고, 항상 다른 사람들과 저 자신을 비교하며 제 삶에 만족하지 못했습니다.

하지만 하나님은 이런 저를 불쌍히 여기셨는지 큰 변화를 주셨습니다. 저의 영혼이 곤고해지고 있을 때, 마침 평택이라는 곳으로 이사를 오게 해 주신 것입니다. 당시 저에게는 이런 변화가 절실했고 그래서 기쁘기까지 했습니다.

저는 이곳에 와서 하나님이 가장 기뻐하시는 교회와 목사님을 만날 수 있도록 날마다 기도했습니다. 그러다 우연히 만나게 된 분이 지금의 순장님입니다.

순장님을 만난 후 매주 드리는 순예배는 저에게 위로와 치유를 경험하는 시간들이었습니다. 제 안에 저도 모르게 눌려 있고 움츠려 있던 것들이 하나둘 꿈틀거리기 시작했습니다. 이전의 교회에서는 저와 시어머니가 같은 구역이라 시어머니와 함께 구역예배를 드렸습니다. 그러다보니 그 자리에서 저의 발언권은 거의 없었습니다. 구역 분들도 연배가 저희 어머님과 비슷하신지라 모든 것을 시어머니 입장에서 말씀하시는 분위기였기에 저도 모르게 눌려 있었던 것 같습니다. 그래서인지 지금의 순예배에서는 이전보다 훨씬 솔직하게 많은 말들을 할 수 있었고, 제 입장에서 이해해 주고 공감해 주는 순장님과 순원들 덕분에 제 마음은 점점 가벼워지게 되었습니다.

또한 제게는 너무나 무겁고 크게만 느껴졌던 문제들을 내어놓았을 때, 순장님이 해 주신 말씀 한마디 한마디는 저의 문제들을 다른 각도로 보는 눈을 갖게 했습니다. 말씀을 통해 문제들을 내 관점이 아닌 하나님의 관점으로 보게 되었고, 실제로 그 말씀대로 살고 계시는 순장님의 모습은 저에게는 충격이자 또한 감동이었습니다.

실제로 저는 남편이 조금만 제 뜻에 맞지 않으면 크게 화를 내고 짜증을 내곤 했습니다. 그러나 순장님은 남편이 밤새 술을 먹고 들어올지라도 살아서 들어와 준 남편에게 감사한 마음이 든다는 것입니다. 처음에는 참 이해할 수 없는 말이었지만 순장님과 오랜 시간을 같이 지내다 보니 그 말이 거짓이 아닌 진심에서 우러나온 말임을 알 수 있었습니다.

어떠한 상황에서도 하나님을 신뢰하며 감사의 조건들을 찾으시는 순장님의 삶은, 늘 삶에 만족하지 못하고 불평만 하던 저에게 새로운 자극이 되었고, 이제는 저 또한 순장님처럼 조그마한 것에 감사를 찾으려 노력하고 있습니다.

순장님께 또 한 가지 감사와 은혜를 느낀 것은, 순장님의 조용하고 묵묵한 섬김이었습니다. 많은 순원들 가운데 한 사람 한 사람 모두를 품어 섬기는 모습은 마치 엄마의 품처럼 넓고 포근하고 따뜻했습니다. 순장님의 예민한 영성은 우리 몸에 뻗은 세밀한 신경과도 같았습니다. 순장님은 우리 한 명 한 명을 돌아보며 기도하셨고, 순원들의 작은 부분까지도 감지하고 계셨습니다.

순모임 시간을 통해 내놓은 문제들에 대해 자기 문제인양 간절히 기도해 주셨고, 꾸준히 관심을 갖고 계셨습니다. 저는 미처 기억하지 못한 다른 분들의 기도 제목에 대해 시간이 지난 후에도 물어보는 순장님을 보며 예수님의 사랑을 느끼게 되었습니다.

또한 순모임 시간에 순원들의 집을 방문하실 때는, 늘 손에 정성 가득한 선물을 준비하여 방문하셨습니다. 처음에는 순모임에 나오는 예산이 있는 줄 알았는데, 나중에 보니 순장님 개인적으로 항상 준비하신 것이었습니다. 순장님의 이러한 섬김과 사랑은 늘 받는 것에만 너무나 익숙했던 저를 한층 더 성숙시켰습니다.

실제로 타지에서 온 순원 중에는 대광교회를 선택하며 섬기게 된 것이 바로 순장님의 모습을 보고 건강한 교회일 것이라는 확신이 들었기 때문이라는 분들도 있었습니다. 저 또한 순장님을 통해 대광교회를 좀더 잘 알게 되었고, 순장님의 섬김과 사랑을 통해 예수님의 사랑을 실제적으로 경험할 수 있었습니다. 또 하나님의 말씀을 그저 지식으로만 알고 그치는 것이 아니라 삶에 적용하여 실천할 수 있게 되었습니다.

지금까지는 늘 앞장서서 섬기고 사랑해 주시는 순장님의 섬김과 사랑을 당연한 줄 알고 받기만 했는데 이제는 저도 이런 사랑을 누군가에게 전해 줘야 함을 느낍니다.

이토록 좋은 교회와 순장님을 만나 저는 기쁨 가운데 건강히 신앙생활을 할 수 있었습니다. 이 모든 것을 허락하신 하나님께 모든 영광을 돌려드립니다.

인자가 온 것은 섬김을 받으려 함이 아니라 도리어 섬기려 하고
자기 목숨을 많은 사람의 대속물로 주려 함이라_ 마 20:28

7
순장 리더십

아이쿱

부모들이 자녀를 보며 깜짝 놀랄 때가 있다. 바로 자신도 잊고 있던 자기 모습을 자녀에게서 볼 때다. 특히 기억하고 싶지 않은 자신의 단점을 자녀를 통해 보게 될 때 더욱 그렇다. 그러나 자녀는 부모의 좋은 점 역시 닮아 간다. 자신의 좋은 점을 닮은 자녀를 보면, 부모는 흐뭇한 마음을 가지게 마련이다.

순장은 영적인 부모의 역할을 한다고 할 수 있다. 이런 점에서 순장은 순원의 본이며 멘토의 역할까지 겸해야 한다. 그러므로 순장의 리더십은 그 어떤 스승들의 리더십보다도 더 중요하다. 이 장에서는 순장이 반드시 가져야 할 몇 가지 중요한 리더십을 자세히 살펴보도록 하자.

1) 사랑하기

사랑의 힘보다 강한 것은 없다. 세상에 사랑으로 해결하지 못할 문제란 없기 때문이다. 사랑하는 자는 모든 것을 다 얻을 수 있다. 요한일서 4장 16절 말씀을 보면, 사랑의 힘이 얼마나 대단한지 알 수 있다.

> "하나님이 우리를 사랑하시는 사랑을 우리가 알고 믿었노니 하나님은 사랑이시라 사랑 안에 거하는 자는 하나님 안에 거하고 하나님도 그의 안에 거하시느니라"

우리가 사랑 안에 거할 때 곧 하나님 안에 거한다고 했다. 이는 가지가 포도나무에 붙어 있을 때 풍성한 열매를 맺을 수 있다는 뜻이다.

집 나간 아들을 그리워하던 한 늙은 재력가가 죽었다. 그가 아무런 유서도 남기지 않았기에, 시에서는 그의 집 가구와 집기들을 경매에 붙이게 되었다. 경매에 오른 수많은 값진 물건들 중 그 아들의 사진이 담긴 액자에 관심을 갖는 이는 아무도 없었다. 그러나 그 액자를 사기 위해 홀로 손을 든 이가 있었다. 바로 그 집에서 오랫동안 가정부로 일하였던 늙은 가정부였다. 그녀는 집 나간 노인의 아들을 어릴 때부터 돌보며 사랑했다. 그녀는 그가 집을 나가자 늘 안타깝게 여기고 있었다. 그녀는 노인의 아들을 사랑하는 마음이 있었기에 액자 경매에 손을 든 것이다. 아무도 원치 않던 그 액자를 단 돈 1달러에 구입했지만, 늙은 가정부에게 그것은 참으로 귀한 물건이었다. 그런데 그 액자 속에서 노인의 유서가 발견됐다. 유서의 내용은 '내가 내 생명처럼 사랑하던 아들의 액자를 갖고자 하는 사람에게 전 재산을 상속한다'는 것이었다.

늙은 가정부의 사랑이 그녀 자신에게 더 많은 것을 선물했듯이, 사랑은 우리에게 하나님의 마음과 사람의 마음을 모두 얻을 수 있도록 돕는다. 리더가 하나님의 크신 사랑을 마음에 품고 살아갈 때 순원들도 잘 이끌 수 있다.

우리는 하나님께 용서를 받을 수 없는 인간이었지만, 친히 용납하시고 받아 주셨다는 사실을 기억해야 한다. 사람은 죄의 습성이 남아 있어 늘 죄에 넘어질 수 있는 매우 연약한 존재다. 이스라엘 백성들이 애굽을 나와 가나안을 향해 가면서 행했던 모습을 생각해 보라. 하나님의 사랑이 아니었으면 모두 멸망 당할 수밖에 없었을 것이다.

주 안에서 형제가 된 지체들을 향한 사랑에는 어떤 이유나 조건이 없다. 그러므로 뜨겁게 사랑해야 한다. 베드로전서 4장 8절에서는 '무엇보다도 뜨겁게 서로 사랑할지니 사랑은 허다한 죄를 덮느니라'라고 말씀한다. '뜨겁게'라는 뜻은 이기심 없는 순수함을 말한다. 뜨거운 사랑만이 부족하고 어린 지체의 비뚤어진 마음까지도 감싸 안을 수 있다.

순원의 부족함을 정죄하거나 책망만 해서는 그가 결코 성장할 수 없다. 책망은 약이 아니라 오히려 독이 될 수 있다. 순장이 순원을 진정으로 사랑한다는 것을 깨닫기 전까지는, 그들이 순장의 인도에 따르지 않기 때문이다. 순장의 리더십은 진정한 사랑에서 비롯된다. 어린아이들도 자신을 사랑하는 이가 누군지를 알고 따르는데 하물며 순원들이 모르겠는가? 관계나 조직 때문에 의무적으로 사랑하는 것은 결코 오래갈 수 없다.

순원이기 때문에 사랑하는 조건적인 사랑이 아니라 주 안에서 한 영혼을 진정으로 사랑하는 마음을 가지는 것이 중요하다. 영혼을 사랑하는 마음을 가진 순장이 가장 좋은 순장이요, 탁월한 리더다. 주님이 그러하셨듯이 리더가 순원들을 용납해 주고, 이해해 주고, 기다려 주면 그들은 결국 성장한다.

2) 담대하기

하나님이 사역을 시작하는 모세와 여호수아에게 동일하게 하신 말씀이 있다. 바로 '마음을 담대히 하라'수 1:6는 말씀이다.

이스라엘이 그렇게 두려워했던 가나안 본토 사람들과의 전쟁을 앞두고, 모세는 여호수아에게 '마음을 담대히 하라'는 메시지를 전달한다. 하나님이 함께하시고 하나님이 행하실 것에 대해 확신을 준 것이다.

"너희는 강하고 담대하라 두려워하지 말라 그들 앞에서 떨지 말라 이는 네 하나님 여호와 그가 너와 함께 가시며 결코 너를 떠나지 아니하시며 버리지 아니하실 것임이라 하고 모세가 여호수아를 불러 온 이스라엘의 목전에서 그에게 이르되 너는 강하고 담대하라 너는 이 백성을 거느리고 여호와께서 그들의 조상에게 주리라고 맹세하신 땅에 들어가서 그들에게 그 땅을 차지하게 하라"_ 신 31:6-7

여기서 '강하다'는 뜻은 맹수가 먹이를 공격할 때의 모습과 같은 강함을 뜻하는 것이고, '담대하라'는 것은 강성하게 용감해지라는 말이다. 주님의 말씀대로 강하고 담대해 질 때 우리는 영적 전쟁에서 이길 수 있다. 아무리 어린나무일지라도 네 귀퉁이에 큰 말뚝을 박아 나무를 줄로 든든히 매면 태풍이 불어와도 견딜 수 있다. 성도들이 담대할 수 있는 이유는 성도 자신에게 있는 것이 아니다. 사탄의 권세를 이기시고 승리하신 주님이 함께하시기 때문이다.

겉보기에 보잘것없어 보이던 예수님의 제자들이 행한 사역을 보면 사람의 힘으로 이루었다고는 볼 수 없을 만큼 대단하다. 사도 바울 역시 마찬가지다. 작은 체구를 가졌고, 자신을 괴롭히던 질병을 치료해 달라고 기도하던 그가 얻은 전도의 열매는 참으로 대단하다.

어떤 사람이 루터에게 물었다.
"온 세상이 당신을 대적하고 있다는 사실을 아십니까?"
그러자 루터가 대답했다.

"그래요? 그렇다면 하나님과 내가 세상에 맞서야지요."

순장의 사역을 통해 순원을 돌보고 섬길 때, 언제나 하나님이 함께하심을 믿고 담대함을 가져야 한다. 순원의 눈치를 보는 순장은 리더십을 제대로 발휘할 수 없다. 항상 조심스러워서 부드럽게만 인도하면 안 된다. 어떤 때는 하나님을 신뢰하고 하나님 말씀을 담대히 선포한 후 하나님께 맡겨야 한다. 순장이 하나님을 신뢰하고 행하면 하나님이 인도해 주신다. 그러나 자신의 힘으로만 하려고 하고, 순원의 마음만을 맞추려 한다면 진정으로 순원이 성장하는 것을 도울 수 없다. 그런 순장은 언제나 어린아이 같은 순원 때문에 탈진하게 된다. 하나님은 리더의 가장 큰 후원자이시고 도움이심을 기억하라.

3) 칭찬과 격려

그리스도인은 누구나 하나님의 기대를 받고 있다. 그러므로 순원들에게 그들이 하나님의 대단한 기대 속에 사는 존재임을 알게 해 주어야 한다. 우리를 하나님의 자녀로 삼으시기 위해 십자가에서 온갖 수치와 형언할 수 없는 고통으로 죽으시기까지 한 그 한량없는 사랑과 기대에 관한 사실을 말이다.

순원들의 성장을 위해서는 말씀에 근거한 적절한 교훈과

책망도 필요하지만 칭찬과 격려 또한 매우 중요하다. 그러니 순원의 좋은 점을 잘 살펴서 끊임없이 격려하고 칭찬하라. 유명한 심리학자 윌리엄 제임스는 "사람의 성정 중에 가장 강한 것은 인정받고자 하는 마음이다"라고 했다. 인정받을 때, 더욱 노력하게 되기 때문이다.

또 중요한 것은 진심으로 칭찬하는 것이다. 가식적으로 입에 발린 말은 하지 말아야 한다. 진심으로 칭찬하지 않는다면 이는 아첨으로 여겨질 수 있기 때문이다. 칭찬할 때는 과정이나 결과까지 세밀하게 칭찬하는 것이 효과가 있다.

순장들은 순원의 성장에 대한 기대와 조급함 때문에 장점보다 단점을 더 크게 볼 수 있지만, 그것은 순장과 순원 모두에게 안 좋은 결과를 가져온다. 장점에 초점을 맞추고 진정으로 칭찬할 때 순원이 마음을 열고 더욱 노력하게 될 것이다.

칭찬은 활력소가 되어 좋은 결과를 가져온다. 순장이 자신을 진정으로 칭찬하는 것을 깨닫는 순간부터 그는 순장의 사랑과 관심을 인정하고 순장을 신뢰하게 된다는 사실을 기억해야 할 것이다.

4) 비난 금지

비난한다고 성장하는 것은 아니다. 비난을 받으면 그는 오히려 자신의 부족함을 더욱 감추고 방어하며 변명할 것이다. 그러므로 순장은 어떤 경우에도 순원을 비난하지 말고, 대신 칭찬하고 격려하며 기다려야 한다. 아니, 마음속에서 꿈틀대는 비난의 자세까지도 완전히 버려야 한다. 순원의 약함이나 허물을 안타깝게 여기고 기도할 때, 비로소 순원은 마음의 문을 열고 변화하게 될 것이다.

순원은 순장보다 영적으로 어리기에 사랑하고 돌보아야 할 대상이다. 간혹 오랫동안 신앙생활을 했음에도 변하지 않거나, 비뚤어진 신앙의 모습으로 다른 순원에게 좋지 못한 영향을 주는 순원일지라도 비난은 해결책이 아님을 분명히 인식해야 한다. 리더는 언제나 부모의 마음으로 다가가야 한다. 부모가 자녀를 감싸지 않고 비난만 한다면 어떤 결과가 오겠는가? 자녀는 부모의 말을 듣지 않고 오히려 반항할 것이다.

한 순원의 고백을 들어 보자.

"한 영혼을 위하여 인내와 사랑으로 섬기는 우리 순장님을 존경하지 않을 수가 없습니다. 다른 이 같으면 자칫 그 자리를 박차며 "나 순장 안 해!"하고 그만두려고 할 수 있는 상황에서도 변함없는 사랑으로 의연하게 대처하는 우리 순장님의 리더십에 도전을 받고 은혜를 받았습니다. 순장님을 보면 정말 작은 목사로서의 섬김과 헌신의 참 모델을 보는 것만 같습니다."

사람이 깨닫게 되는 것은 그렇게 쉽지 않다. 백화점을 처음 만든 미국의 실업가 존 워너메이커John Wanamaker는 인간이 아무리 큰 잘못을 했어도 결코 스스로를 나쁘게 생각하지 않는다는 사실을 마흔이 다 되어서 깨달았다고 했다. 상대방을 비난한다고 해서 그가 깨닫게 되는 것은 아니다. 순원들을 위해 기도하며 말씀을 가르치고 성령의 도우심을 구한다면, 그들이 우리의 기대 이상으로 변화되어 가는 것을 볼 수 있을 것이다.

5) 순원의 관심사에 귀를 기울이라

사람들은 자신의 관심사에 흥미를 가지게 마련이다. 관심사 때문에 따로 모임을 만드는 것만 보아도 그렇다. 독서 클럽, 배드민턴 클럽, 낚시 클럽 등 다양하다. 순장이 순원의 관심사와 문제에 대해 진지하게 들어주고 이해하려는 자세를 가질 때, 순원은 순장에게 더욱 마음을 열게 된다. 처음부터 순장의 수준대로 순원에게 요구하기보다, 과거 자신이 순원이었던 때의 모습을 생각하며 순원의 관심사에 흥미를 가져 주도록 하라. 그러면 순원은 오히려 적극적으로 순장을 따르게 된다.

간혹 순장이 자신의 뜨거운 열정을 주체하지 못해 자신의 생각만 말한다면, 순원은 곧 흥미를 잃고 말 것이다. 송아지를 외양간에 넣으려 힘으로 밀어 넣는 것보다 송아지가 좋아하는 먹이를 이용하면 쉽게 외양간으로 들일 수 있는 것과 같다. 순원이 요리에 관심이 많다면 순장은 순원이 만든 요리에 특별한 관심을 보이고 순장도 음식에 대해 연구하는 자세를 가져 보자. 순원은 자신의 관심사에 적극적으로 함께하는 순장을 자신과 통하는 사람이라고 생각하며 따르게 될 것이다. 아무리 냉정한 순원이라도 자기 관심사에 마음을 쏟아 주는 순장에게 마음을 주지 않을 수 없기 때문이다.

**절대 피해야 할
순원을 떠나가게 하는 순장의 대화법**

① 순원에게 이야기를 오래 하지 말고 핵심만 말하도록 한다.
② 순장 자신의 이야기만 한다.
③ 순원이 이야기를 할 때 중간에 자주 말을 중단시킨다,
   순장 자신이 끼어들어 이야기하기 위해서.
④ 순원이 하는 이야기가 크게 중요하지 않거나 시시한 이야기라고 생각되면, 다른 이야기로 화제를 전환한다.

---

6) 자상함은 곧 감동!

대광교회에서 제자훈련을 시작하며 받은 은혜는 말로 다 표현할 수가 없다. 말씀을 나누며 함께 울고 기뻐했던 그 귀한

시간은 아무리 긴 시간도 길다는 느낌이 안 든다. 순원이 제자훈련을 통해 변화되는 모습과 함께 깨닫고 누리는 은혜는 그 어떤 것과도 바꿀 수가 없다. 그러나 이렇게 제자훈련과 그 열매의 감격에 흠뻑 빠져 있던 내게도 시련은 찾아왔다. 건강에 무리가 왔고, 식사도 할 수 없을 정도로 몸이 쇠약해진 것이다. 당시 상황은 더 이상 사역이 어려울지도 모른다는 생각이 들 정도였다. 그때 옥한흠 목사님이 나의 건강이 좋지 않다는 소식을 들으시고 많은 염려와 사랑을 베풀어 주셨던 기억이 난다. 옥 목사님을 뵐 때마다 목사님은 "몸은 좀 어때? 너무 무리 하지 마!"라고 말씀해 주셨다.

어느 날, 목사님은 내게 이렇게까지 말씀하셨다.

"배 목사, 아직 젊잖아. 그러니 앞으로 할 일이 많은데 몸 회복될 때까지 사역을 잠시 쉬고, 몸이 회복되면 그때 다시 시작하는 게 어때?"

나의 건강을 생각해 주시는 그 자상한 모습에 진정으로 감동하지 않을 수 없었다. 이후에도 옥 목사님은 부교역자를 통하거나 직접 전화를 주셔서 안부를 물어 오셨다. 건강이 회복되자 내 어깨를 두드리며 "얼굴 좋네!" 하면서 좋아하시던 목사님의 모습이 지금도 눈에 선하다. 옥 목사님의 자상함이 가장 밑바닥에서 사역하던 젊은 목사에게 용기가 되었고, 그 열매로 평신도 동역자들과 함께 하나님 나라를 위해 열심히 사역하게 되었다고 말하고 싶다.

'자상하다'라는 단어의 사전적 의미는 '인정이 넘치고 정성이 지극하다'이다. 자상함은 사람의 마음을 사로잡는 힘이다. 순원은 경력이 높고 실력이 뛰어난 순장보다, 자상하게 마음을 쓰는 순장에게 더욱 마음을 연다. 사람을 감동시키는 자상함은 한 사람의 인생을 바꾸어 풍성한 열매를 맺게 해 준다는 사실을 기억해야 할 것이다.

7) 미소 필수

감사와 기쁨 그리고 평안함을 느끼게 해 주는 자와 함께할 때와 불만과 경계심 그리고 심술과 자만심으로 가득 찬 사람과 함께할 때의 느낌을 생각해 보라. 그 두 느낌은 정반대이게 마련이다. 웃음을 잃고 우울한 모습으로 사는 자와 함께하면 나까지 마음이 우울해질 수밖에 없다. 그러나 밝은 미소를 가진 자와 함께하면 그 밝음이 전달되어 나까지 마음이 밝아진다.

중앙정보부(현 국가정보원)에서 근무하던 어떤 형제는 예수님을 믿은 직후 자신의 얼굴이 경직되어 있고 미소가 없다는 사실을 깨닫고 매일 거울을 보며 미소 짓는 연습을 했다고 한다. 미소 짓는 연습을 꾸준히 하며 노력한 결과 이제 그를 전처럼 형사나 수사관과 같은 인상으로 보는 사람은 없다고 한다. 덕분에 지금 그 형제는 복음 전파에 자신감을 얻었다고 한다.

가게 주인이 직원을 뽑을 때, 학력과 경력을 보기 이전에 중요시하는 것은 아마도 직원의 인상일 것이다. 아무리 좋은 배경을 가졌을지라도 직원이 험악한 얼굴을 하고 있다면 고객들의 호감을 사지 못할 것이기 때문이다.

마음의 상태는 가장 먼저 얼굴에 나타난다. 그리스도인은 항상 기뻐하고 범사에 감사하며 살아야 한다. 그것은 먼저 자신의 삶에 만족하고 하나님께 감사하라는 뜻이다. 감사하는 사람은 미소 짓는 얼굴이 된다.

이런 점에서 항상 미소 짓는 순장은 순원들을 잘 이끌 수 있다. 지도자의 미소는 또 다른 강력한 리더십이다.

미국의 오펜하임 콜린스Oppenheim Collins라는 회사의 한 광고 문안은 '미소'에 대해 평범하지만 의미 있는 통찰을 선사한다.

미소
밑천은 필요없다.
그러나 이익은 막대하다.
아무리 베풀어도 줄지 않고,
베풀수록 풍부해진다.

8) 말할 때에…

어떤 순원이 그동안 자신이 순장의 속을 썩인 것이 미안해서 떡 한 바구니를 정성껏 준비했다. 그러나 그 떡을 받은 순장은 무심코 순원에게 "나 몰래 떡 장사 시작했어?"라고 말했다고 한다. 좋은 마음으로 순장을 찾아갔던 순원은 그 말에 다시 마음을 닫고 말았다. 이렇듯 순원은 순장의 말 한마디에 용기와 격려를 얻기도 하고, 또 상처를 받기도 한다.

때로 순장 사역을 오래하다 보면 무감각해져서 순원에게 상처가 될 수도 있는 말을 무심코 하는 경우가 있다. 또 순장의 본래 말투가 퉁명스럽다거나 오랫동안 함께한 순원을 너무 편하게 생각하고 말하는 것 등이 예기치 않은 상황을 만들 수 있음을 알아야 한다. 그러므로 순장은 항상 순원을 처음 대하듯이 부드럽고 친절하게 말하려 노력해야 한다.

태양과 바람이 나그네의 외투 벗기기의 내기를 하는 이솝우화 『북풍과 태양』 이야기를 기억할 것이다. 바람이 찡그린 얼굴로 힘차게 바람을 일으키자 나그네는 자신의 외투를 더욱 감쌌다. 그러나 태양이 구름 사이에서 얼굴을 내밀고 웃기 시작하자 그는 이마의 땀을 닦으며 외투를 벗었다. 순장은 이를 기억하고 순원에게 부드럽고 친절하게 말해야 한다. 이를 바탕으로 권세 있는 하나님의 말씀을 충실히 가르친다면 순원은 틀림없이 영적으로 더욱 성장해 나갈 것이다.

9) 순장이 잘못했을 때에…

어리석은 사람일수록 더 많은 핑계를 대고 자신을 정당화하려고만 한다. 반대로 지혜로운 사람일수록 자기 잘못을 시인하고 상대방을 존중하고 인정해 준다. 이러한 예는 특히 부부 사이에서 쉽게 발견할 수 있다. 남편이 퉁명스럽고 큰 소리로 말하면 아내는 마음이 상하여 큰 문제도 아닌데 왜 화를 내느냐고 말한다. 이때 남편이 자신은 화낸 것이 아니라고 우기면 부부싸움으로 발전되기 십상이다. 그러나 남편이 자신의 목소리가 컸음을 시인하면 그것으로 상황이 종료된다.

　잘못에 대한 시인은 상대를 인정해 주고 존중해 주는 것과 더불어 잘못을 시인하는 자신을 솔직한 사람으로 상대방에게 각인시킬 수도 있다. 회개란 자신이 지은 죄를 솔직하게 시인하고 받아들이는 것이다. 십자가 위에서 예수님께 구원을 받았던 강도는 자신의 죄를 시인하였기에 구원에 이를 수 있었다. 스스로 잘못을 인정하지 않는 순장이 있다면, 순원은 마음을 닫아 버리고 말 것이다. 그러나 순장이 자신의 잘못을 스스로 시인하면 순원은 오히려 순장의 솔직함을 배우게 될 것이다. 하나님 나라는 솔직하게 잘못을 시인할 때 확장될 수 있다.

10) 순원의 입장

순장이 순원의 양육을 위해 힘쓰고 교제할 때, 순장은 여러 가지 기쁨과 함께 아픔도 맛보게 된다. 그러한 여러 가지 일들을 겪으며 자연스레 순장은 자신의 순원 시절을 회상하게 된다. 어떤 경우에는 이해할 수 없는 순원의 행동을 보며 미워하는 마음이 생겨서 괴로워하기도 한다.

누구나 자기의 잘못을 깨닫고 인정하기까지는 시간이 걸린다. 또 사람의 행동 속에는 모두 그럴 만한 이유들이 있음을 이해해야 한다. 어릴 때의 상처나 성장 배경, 혹은 주변의 환경 등이 그것이다. 그러므로 항상 이해하려고 노력해야 한다. 『카네기 인간관계론』을 쓴 데일 카네기Dale B. Carnegie는 이러한 명언을 남겼다.

"비난은 어떤 바보라도 할 수 있지만, 현명한 사람은 상대방을 이해하려고 노력한다."

사람들은 자신을 이해해 주는 사람에게 마음을 연다. 순장 역시 자신의 인도에 잘 따라 주고 공감해 주는 순원에게 호감을 가지게 되지 않는가? 순원들도 마찬가지다. 순원들은 자신을 이해해 달라는 신호를 여러 가지로 표현을 한다. 아이들이 엄마에게 자신의 입장을 공감해 달라고 우는 것과 같은 것이다. 순원들은 어떤 때는 침묵하기도 하고, 어떤 때는 억지를 쓰기도 하고, 어떤 때는 말도 되지 않는 이야기를 하기도 한다. 그런 그들이 순장에게 이해를 받고 있다고 생각하면, 스스로 마음을 열고 노력할 것이다.

그러므로 순장에게는 순원의 입장에서 먼저 생각하고 이해하려는 자세가 필요하다. 어떤 문제든 자신에게 먼저 질문해 보아야 한다.

'내가 그 순원이라면 어떻게 행동했을까?'

그리고 이렇게 말해야 한다.

"당신이 우울해 하니 내 마음도 아파요."

"당신의 마음을 충분히 이해해요. 얼마나 힘들었어요?"

이렇게 상대방의 입장을 이해하려고 하다 보면 화를 내거나 속상해 할 필요가 없게 될 것이다. 주님은 우리를 이해하시기 위해 인간으로 오셨다. 주님이 나를 이해해 주셨기에 내가 순장으로 설 수 있었음을 기억해야 한다.

"우리에게 있는 대제사장은 우리의 연약함을 동정하지 못하실 이가 아니요 모든 일에 우리와 똑같이 시험을 받으신 이로되 죄는 없으시니라"_ 히 4:15

순원의 입장에서 생각하는 지혜를 가진다면, 우리는 주님께 칭찬받는, 영광스런 순장이 될 수 있을 것이다.

11) 기대하기

한 자매가 다른 곳으로 이사하면서 내게 인사를 하기 위해 찾아왔다. 그러고는 목사가 그동안 자기를 믿고 일을 맡겨 준 것에 너무나 감사해 했다. 그 자매는 어려서부터 누구에게도 인정받지 못했고, 그 때문에 언제나 위축된 삶을 살아왔다고 고백했다. 그러나 교회에서 그녀는 그러한 모습이 아니었다. 자신에게 기대를 갖고 맡겨진 일에 누구보다도 최선을 다해 성실히 섬겼고, 그녀의 섬김은 참으로 빛났다. 교회에 감사의 말을 연발하며 떠난 그 자매의 모습이 아직도 생생하다.

우리 역시도 우리를 향한 하나님의 기대하심에 감격하지 않을 수 없다. 하나님은 우리를 향하여 놀라울 정도로 기대를 품으신다. 이는 우리가 하나님의 형상으로 지음 받은 존재이기 때문이다.

"나는 너희의 하나님이 되려고 너희를 애굽 땅에서 인도하여 낸 여호와라 내가 거룩하니 너희도 거룩할지어다"_ 레 11:45

"기록되었으되 내가 거룩하니 너희도 거룩할지어다 하셨느니라"_ 벧전 1:16

하나님의 기대를 깨달은 자들이 이 세상을 변화시켰다. 노예선 선장으로 노예를 사고팔던 존 뉴턴John Newton은 주님의 은혜를 깨달은 후 전혀 다른 사람이 되어 새로운 삶을 살았다. 어디 그뿐인가? 탕아였던 아우구스티누스가 회심 이후에 얼마나 위대하고 놀라운 일을 했는지 모두 잘 알 것이다.

순원에게 무능하다고 꾸짖고 책망한다면, 성장하고자 하는 그의 마음까지 잘라 버리게 된다. 지금은 조금 부족해도 기대감을 가지면, 그가 기대 이상의 일을 하는 것을 보게 된다. 지속적으로 순원에게 기대감을 가지고 격려하면, 곧 그가 순장의 기대에 어긋나지 않게 살려고 노력하며 성장하는 모습을 보일 것이다.

12) 솔직하게!

종종 순장이 순원들을 바로 이끌려는 마음에 자신의 좋은 점만을 이야기하는 경우가 있다. 그러나 그것은 자칫 순원들에게 자랑만 늘어놓는 순장이라는 인식을 줄 수 있는 위험이 있다. 또한 순원이 순장을 완벽하고 흠이 없는 사람이라고 생각하면, 가까이하기 힘들어할 뿐 아니라 자신은 순장처럼 될 수 없다는 자괴감 때문에 신앙생활 자체를 부담으로 여길 수 있다.

그러나 순장이 자신의 부족함과 실패를 통해 얻은 교훈 등을 솔직하게 말할 때 순원은 마음을 열고 다가오게 된다. 순장이 항상 자신과 가족은 완벽한 것처럼 자랑만 했다가 훗날 순원이 순장이나 순장 가족의 부족한 부분을 보게 되었을 때, 실망이 더욱 클 수밖에 없다.

순장도 인간이다. 인간은 실수도 하고, 넘어지기도 한다. 그런 가운데 노력하고 있음을 보여주어야 한다. 자신의 약함과 문제를 솔직히 말하고 기도를 부탁할 때, 순원은 순장을 이해하고 오히려 존경하게 될 것이다. 솔직하게 자신을 드러낸 순장을 위해 기도하며 비로소 자신이 하나의 지체가 되었음을 느끼게 될 것이다.

13) 교제의 시간

순장과 순원은 단지 순모임에서만 만나는 관계가 되어선 안 된다. 일주일에 한 번 이상의 교제를 가져야 한다. 그 장소가 봉사의 장소이든, 예배 시작 전이든 지속적인 교제는 꼭 필요하다. 그러나 사사롭게 너무 자주 만나는 것 또한 좋지 않다. 직장생활에 바쁜 순원이나 가정을 공개하는 것을 꺼리는 순원에게는 일주일에 한두 번 정도 문자 메시지나 전화를 하고 예배 시간 전후로 만나 잠깐 교제하는 방식이 좋을 것이다. 주일 예배에 단 한 번 나오는 것으로 그치는 순원이라면, 매주 성경구절 혹은 격려와 용기를 줄 만한 문구를 문자 메시지로 보내는 것도 좋을 것이다. 순원의 생일이나 순원 자녀들의 생일도 미리 알아서 챙기고, 선물을 나누는 것도 효과적일 수 있다.

어느 순원의 고백이다.

"순원들의 경조사를 자기 일처럼 여기며 여러 모양으로 섬기는 모습, 예배와 순모임에 거의 불참하는 한 순원에게 매일 연락하고 권면하며, 그 순원과 함께 기도하고 식사하면서 한 영혼을 위해 인내와 사랑으로 섬기는 모습들을 보면 우리 순장님을 존경하지 않을 수가 없습니다."

그러나 이는 순원의 성격과 취향에 따라 지혜롭게 대처하는 것이 좋다. 어떤 순원에게는 과도한 관심이 오히려 부담을 줄 수도 있다. 예를 들면 남자 순장이 순원 아내의 생일 선물을 해 주는 것은 지혜롭지 못한 행동이 될 수 있다.

이와 반대로 간혹 순모임 방학이 되면 순장이 아예 순원에게 관심을 끊어, 예배까지 방학인 것처럼 하는 경우도 있다. 순장은 어떤 경우에도 지속적인 교제를 통해 순원에게 영적인 문제가 생기지 않도록 해야 한다.

14) 기다리기

『로마제국 쇠망사』는 에드워드 기번Edward Gibbon이 20년에 걸쳐 쓴 책이다. 불후의 명작이라고 불리는 '모나리자'는 레오나르도 다빈치가 1503년부터 4년에 걸쳐 피렌체 부호의 부인 엘리자베타Elisabetta를 그린 초상화다. 모나리자가 지금까지 세상 사람들에게 칭송받는 명작이 된 것은 4년을 인내한 화가와 모델의 수고가 있었기 때문이다.

이런 인내와 수고는 순장과 순원의 관계에서도 필요하다. 순장은 순원 때문에 울고 웃는 경우가 많다. 순원이 열심히 하는 것을 보면 기뻐서 어쩔 줄 모르다가도 다시 신앙이 정체되거나 퇴보하면 불안해 하고 조급해 하는 경우를 자주 보게 된다. 한 순원이 성장하기까지는 시간이 필요하다. 이때 순장에게 절실한 것은 기다려 주는 인내심이다. 어떤 사람은 교회에 등록해서 3년 만에 제자훈련까지 마치는 사람이 있는가 하면, 10년이 지나고 나서야 어렵게 제자훈련에 들어오는 사람도 있다.

한 사람이 영적으로 성숙해 간다는 것은 생각처럼 쉽지 않다. 씨앗을 뿌리고 열매를 얻기까지 시간이 필요하듯이, 시간이 걸릴지라도 순원을 사랑의 마음으로 권면하고 기도하며 기다려 줄 때 비로소 순원은 변화한다.

한 영혼의 변화는 하나님의 시간표에 따라 은혜를 주실 때

가능하다. 변하지 않는 순원이 있다면, 포기하지 않고 묵묵히 기도하며 오히려 순장이 성장하는 기회로 삼도록 하라. 그렇게 꾸준히 기다리다 보면 언젠가 그가 영적으로 멋있게 변하는 것을 볼 수 있을 것이다. 그러므로 부정적인 생각을 갖고 순원을 정죄하고 판단하려는 마음을 가져서는 안 된다. 하나님도 우리를 향해 끊임없이 인내하고 기다려 주셨기 때문이다.

"너희에게 인내가 필요함은 너희가 하나님의 뜻을 행한 후에 약속하신 것을 받기 위함이라"_ 히 10:36

위의 말씀처럼 인내하다 보면 우리는 그 약속, 기대 이상의 결과를 얻게 될 것이다.
기다려 준 순장의 기도와 사랑으로 믿음이 성장한 한 형제의 간증이다.

그동안 저의 신앙은 주일 예배만 간신히 참석하는 '선데이 크리스천' 수준에 지나지 않았습니다. 그 세월이 5년을 훌쩍 넘겼습니다. 집이 멀리 있다는 것도 저의 변명 중 하나였습니다. 그러는 동안 순장님이 두 번이나 바뀌었고, 그때마다 얼굴도 모르는 순장님들에게 순모임 참석 권유 전화를 받았습니다.
그러던 어느 날부터 매주마다 한 순장님의 전화가 오는 것이었습니다. 이전 순장님들만 해도 한두 번 하시고 제가 참석하지 않으니까 더 이상 전화 심방이 없으셨는데, 이상하게도 그 순장님은 꾸준히 저에게 전화를 주시는 것이었습니다. 이렇게까지 하시는데 계속 참석을 안 하는 것은 인간적으로도 예의가 아니라는 생각이 들었습니다.

그렇게 처음 순모임에 참석했을 때가 기억납니다. 그 자리가 참 어색했고, 성경 말씀을 찾아볼 때도 잘 찾지 못하고 헤매었습니다. 그런데 그때 저에게 말씀을 찾을 수 있도록 도와주시던 분이 순장님이셨고, 그런 저의 모습이 결코 창피한 것이 아닌 것임을 자연스럽게 알게 해 주신 분도 지금의 우리 순장님입니다. 그러면서 저에게 성경 말씀과 예수님을 알아가는 재미를 주신 분도 순장님과 순원들이었습니다. 순모임 참석을 계속하면서 최선을 다해 참석하리라 마음먹게 되었고, 순장님이 힘을 내실 수 있도록 협력해야겠다는 생각까지 들게 되었습니다. 저 역시 인간이기에 때로는 게으름에 빠지고, 비뚤어지고, 어긋나고 하지만 그럴 때마다 언제나 순모임이 있었고 그 중심에는 흔들리지 않는 순장님이 있었다는 것을 고백합니다.

15) 열심도 문제!

어떤 순장의 열심은 누구도 따라갈 수 없었다. 밤 늦게까지 순원을 심방하고, 밤 늦은 시간에 집에 찾아오는 순원도 기꺼이 맞아 주었다. 순원이 만나자고 할 때마다 모두 반갑게 받아 주었다. 맛있는 음식도 사흘이 멀다 하고 갖다 주었다. 순원은 순장을 통해 많은 사랑을 받고 은혜도 경험했다.

그런데 문제는 순장이 바뀌면서 발생했다. 새로운 순장도 꽤 열심인데 순원의 마음에는 차지 않았던 것이다. 이 순원은 교회 나온 지 5년이 되었으나 계속 이전 순장만 찾았다. 이 순원에게 이전 순장은 참으로 좋은 순장이었지만, 순장의 지나친 열심은 순원의 성장을 멈추게 하였고, 언제나 이전 순장을 의지하도록 만들었다. 이 순원은 새로운 순모임에 결국 적응하지 못했다.

순장의 열심이 인간적인 면으로 치우치면 순원을 오랫동안 영적으로 온전하지 못한 자로 만들고, 결국 다른 순장에게 적응할 수 없도록 만들 수도 있음을 기억해야 한다. 지나친 열심이 순원의 영적인 성장을 방해할 수도 있는 것이다. 그러므로 순장은 중용의 리더십을 가져야 한다. 순장은 무엇보다 순원이 주님의 제자가 되도록 이끌어 주고 도와주는 역할을 해야 한다.

순장만을 의지하도록 만드는 것은 지혜롭지 못한 리더십

이다. 좋은 순장은 순원이 살아 계신 하나님을 경험하도록 해 주어야 한다. 순모임에서 하나님 말씀과 기도를 통해 은혜를 경험할 때, 어느 순간이 되면 자신도 다른 사람을 섬길 수 있는 단계에 도달하게 되는 것이다. 순장의 열심이 도를 지나치면 그저 순원을 자기 사람으로만 만드는데 그칠 수 있음을 명심해야 할 것이다.

만남의 축복! 우리 순장님

이명심

어느덧 저도 신앙생활을 시작한 지 9년이 되었습니다. 예수님 믿고 변화된 삶을 살아가는 것이 얼마나 행복하고 감사한 일인지 다시 한 번 깨닫습니다. 제가 교회 중심으로 말씀에 순종하며 살아가려고 노력하는 모습을 보며 나의 신앙생활에 본이 되어 주시고 영적인 어머니로서 이끌어 주신 순장님을 떠올립니다.

평택으로 이사 온 후, 남편이 대광교회 예배에 참석해 보자고 하여 구경 삼아 왔던 그날부터 저는 제2의 인생을 살게 되었습니다. 해피 타임 3과를 듣던 날은 부활주일이었습니다. 주보에 계란을 예쁘게 포장해서 준비해 오라는 광고를 보게 되었습니다. 당연히 '그렇게 해야 하나 보다'라고 생각하고 나름대로 정성들여 계란 서른 개를 삶아서 포장해 교회로 갔습니다. 예배 후 순모임별로 계란 나누기를 하러 가는데 저는 아직 순모임에 소속되지 않아 어떻게 해야 하나 하고 있었습니다.

그때 누군가가 너무나 밝은 얼굴과 자신감 있는 말투로 저에게 다가와 함께 계란을 나누러 나가자고 권유하셨습니다. 이렇게 순장님과 만남의 축복이 시작되었습니다. 순장님과 순원들과 저는 교회에서 가까운 아파트로 계란을 나누어 주러 갔는데, 순장님은 저와 동행했습니다. 아파트 끝층에서 집집마다 문을 두드리며 계란을 나누어 주시고 환한 미소로 예수님을 소개하는 열정적인 모습을 보며 나도 저렇게 신앙생활을 열심히 해 보고 싶다는 도전을 받았습니다.

이후, 어느덧 해피 타임 5과를 수료하고 예수님을 나의 구주로 영접하는 감격을 안고, 부활절 계란으로 아름다운 만남을 맺게 된 순장님 순원으로 들어가게 되었습니다. 저는 너무나 기뻤습니다. 그러나 저는 '주일 낮 예배만 드리면 되지'라는 생각으로 집에서 의미없는 시간들을 보내고 있었습니다. 그때 순장님은 제게 매일 전화로 안부를 물으셨고, 어느 날은 수요 예배와 금요 기도, 새벽 기도도 있으니 함께 다녀보자고 하셨습니다. 저는 순장님을 보면서 '이런 분이 다니는 교회라면 아마 좋은 교회일 테고 그러니 한번 가볼 만하겠구나'라고 생각했기에 흔쾌히 그러자고 했습니다.

순장님은 매 예배 시간마다 미리 전화로 준비하게 하시고 저를 데리러 오셨습니다. 그리고 예배의 축복에 대해서 말씀해 주시고 만날 때마다 순장님의 변화된 삶을 간증해 주셨습니다. 그리고 순장님은 예배 나오실 때 기도로 준비하시며 미리 입을 옷도 준비해 놓으시고 새 옷을 사면 제일 먼저 주님 앞에 입고 나오신다는 말씀도 해 주셨습니다. 그때부터 저는 예배를 생명처럼 여기라는 말씀을 마음에 새기게 되었습니다. 우리 순장님처럼 신앙생활을 해야겠다는 결단이 서면서 순장님이 하라고 하시는 것은 거절하지 않고 기쁨으로 하게 되었습니다.

순장님은 교제할 때마다 교회에 대한 자부심과 말씀에 대한 확신, 목사님, 사모님 자랑을 참 많이 하셨습니다. 저는 교회에 나온 지 얼마 되지 않아 목사님, 사모님이 참으로 어렵고 얼굴을 마주치는 것도 쑥스러웠습니다. 하지만 순장님의 말씀을 듣고서 자연스럽게 교회와 목회자에 대한 긍정적인 사고를 가지게 되었습니다. 조금씩 변화되는 제 모습을 보며 남편은 늘 저에게 복이 많다고 했습니다. 교회 조금 다니다 그만둘 것이라 생각했었는데, 훌륭한 순장님이 잘 인도해 주신 덕분에 신앙생활을 잘 할 수 있게 되었으니 감사를 드리라고 했습니다.

순장님은 대가족 살림을 하고 계셨는데도, 한 번도 힘들다 안 하시고 모든 교회 사역에 동참하셨습니다. 새로운 반찬을 만드시면 새벽 기도 때 슬그머니 제 옆에 놓으시곤 했습니다.

제가 교회에 나온 지 얼마 안 되었을 때 주일 오후면 온 가족이 함께 마트에 가서 한 주간 필요한 물건을 구입했습니다. 어느 날 순장님께 이 이야기를 했더니, 잘 설명해 주시며 전도에 방해가 되니 평일에 미리 장을 보라고 하셨습니다. 그때부터 주일도 온전히 지킬 수 있게 되었습니다.

순장님의 섬김은 저뿐 아니라 다른 순원들에게도 마찬가지였습니다. 어느 날 매일 예배 시간에 늦게 오고 말이 많은 순원이 마음에 안 든다고 순장님께 말씀드렸다가 혼이 난 적도 있었습니다. 부족한 부분은 서로 격려해 주고 기도해 주며 함께 하나님 나라를 만들어 가야 한다고 하셨습니다. 조금이라도 부족한 부분이 있는 순원들과 초신자들을 위해서 더 기도하시며 함께해 주시는 모습을 보고 저는 감동을 받았습니다. 늘 물질도 아끼지 않고 본을 보이셨습니다. 매주 마른 반찬을 만들어 순원 수만큼 포장해서 순모임 때 나누어 주셨습니다.

제가 제자훈련을 마치고 순장이 되었을 때 꼭 안아 주시며 잘 자라 주어서 고맙다고 하셨습니다. 그 말씀에 저는 눈물이 왈칵 쏟아졌습니다. 순장님의 사랑의 섬김이 더욱 가슴 깊이 와 닿았습니다.

돌이켜보니 저는 순장님을 닮고자 많은 노력을 했던 것 같습니다. 오랜 세월이 지난 지금도 한결같은 우리 순장님, 지금도 어쩌다 새벽 기도 빠지는 날이면 바로 전화를 주셔서 어디 아픈 데는 없는지 물으시고 챙겨 주시는 순장님, 남편 사업과 건강, 자녀, 저를 위해서 늘 중보기도를 해 주시는 멋진 순장님……. 젊은 사람 못지않은 열정으로 주님을 사랑하는 아름다운 모습, 저도 우리 순장님처럼 순원들을 잘 섬기고 인도하는 본이 되는 순장이 될 것을 소망해 봅니다.

8
바울이 자랑한
평신도 동역자

아이순

성경에는 평범한 사람들 중에서도 하나님 나라에 쓰임 받은 평신도들이 많이 있다. 이들 중에는 출신과 배경이 보잘것없는 자도 많다. 하지만 그들은 하나님 나라에 없어서는 안 될 중요한 일을 감당한 자들이다. 사람들의 귀에 익숙하지 않은 자들 중 주님께 칭찬받을 자는 우리의 생각보다 많이 있을 것이다. 실제로 교회 안에서 순장의 직분을 잘 감당하는 자들 중 소리 없이 섬기는 평범한 자들은 많이 있다. 주님은 바로 이런 자들에게 각별한 관심과 사랑을 가지고 계신다.

"그러나 하나님께서 세상의 미련한 것들을 택하사 지혜 있는 자들을 부끄럽게 하려 하시고 세상의 약한 것들을 택하사 강한 것들을 부끄럽게 하려 하시며"_ 고전 1:27

이 말씀처럼 평범한 평신도들이 하나님께 인정받는 동역자가 될 수 있음을 알 수 있다.

이 장에는 평신도들 중 거의 알려지지 않은 자들을 중심으로 다루었다. 누구나 주님께 칭찬받을 수 있음을 알고 이 책을 읽는 모든 성도들이 성경에 기록된 믿음의 사람들처럼 되기를 기대해 본다.

1) 에베네도

에베네도는 바울의 3차 전도여행 중 소아시아 지방에서 가장 먼저 회심한 이방인으로 브리스길라와 아굴라와 함께 사도 바울의 동역자로 섬긴 자이다. 그의 이름은 '칭찬을 받을 만한'이라는 뜻을 가지고 있다. 그의 부모도 이 이름을 지을 때 자식이 칭찬을 받으며 살아가기를 원하는 마음으로 지었을 것이다.

비록 그의 사역에 대한 기록이 많지 않아 아쉽지만, 사도 바울이 자신의 동역자로 칭찬하며 자랑하고 싶은 사람으로 인정한 것을 알 수 있다. 그는 사도 바울의 사역에 큰 위로와 힘이 되었던 사람일 것이다. 특히 바울이 에베네도를 칭할 때 아시아에서 '처음 맺은 열매'롬 16:5라고 칭하는 것으로 보아 그로부터 시작하여 수많은 사람들이 주님께 돌아왔고, 에베네도가 그 부분에 쓰임을 받은 것으로 볼 수 있다.

에베네도는 처음 회심한 자였지만 사도 바울이 사역을 마무리하는 마지막까지 줄곧 동역했다. 에베네도처럼 교회에서

나 가정에서 좋은 영향력을 지속적으로 발휘하여 많은 사람을 주님께로 돌아오게 하는 순장이 되기를 소원해 보자.

2) 마리아

성경에는 '마리아'라는 이름을 가진 일곱 명의 여인이 나온다. 여기 나오는 마리아는 로마서 16장 6절의 '너희를 위하여 많이 수고한 마리아'다. 그녀는 로마 교회의 초창기 멤버로 교회가 세워져 가는 데 많은 수고와 헌신을 한 자로 여겨진다. 비록 그녀의 수고의 내용이 무엇인지 기록되어 있지 않지만, 그녀가 얼마나 주님 나라의 확장을 위해 헌신적이며 열정적으로 섬겼는가를 추측해 볼 수 있다. 성경에는 그녀의 섬김이 세세히 기록되어 있지 않지만 그것이 마리아 자신에게는 큰 문제가 되지 않는다. 주님은 그녀의 섬김을 하나도 빼놓지 않고 세밀하게 기억하고 계시기 때문이다.

교회 안에서 자신의 섬김에 대해 인정받지 못해 섭섭해 하거나, 심지어 다른 교회로 옮겨 가는 자들이 있다. 이는 크게 잘못된 행동이다. 섬김의 최종적인 심사위원은 주님이시지 교회의 그 누구도 아니기 때문이다.

개척 초기에 새벽 기도 음향을 자원해서 열심히 섬기던 형제가 갑자기 어느 날부터 섬김을 그만두었다. 그에게 왜 하지 않느냐고 묻자 그는 오래된 직분자들도 하지 않는데, 아무 직분도 없는 자신이 왜 그 일을 계속하겠느냐고 대답했다.

섬김은 누구와 비교하거나 칭찬받기 위해 하는 것이 아니다. 주님이 인정해 주시면 그만인 것이다. 주님은 섬김의 모든 과정을 세세히 기억하고 인정하신다. 그러므로 마리아의 로마 교회를 향한 섬김은 좋은 결과로 나타났을 뿐 아니라 주님의 박수를 받음으로 아름다운 결실을 맺었음을 기억해야 한다.

"또 누구든지 제자의 이름으로 이 작은 자 중 하나에게 냉수 한 그릇이라도 주는 자는 내가 진실로 너희에게 이르노니 그 사람이 결단코 상을 잃지 아니하리라 하시니라"_ 마 10:42

3) 안드로니고와 유니아

목회자가 교회를 개척하거나 사역을 할 때, 오히려 친척이나 가족들이 유익을 주지 못하는 경우를 간혹 보게 된다. 이는 인간적인 관계로 얽혀서 사역을 영적인 관점으로 보지 못할 뿐 아니라, 지나친 열심으로 참견하고 요구할 수 있기 때문이다. 그 결과 서로가 상처를 받기도 한다.

그러나 사도 바울의 사역에는 큰 유익이 된 친척이 있다.

바로 안드로니고와 유니아다. 그들은 사도 바울이 투옥되었을 때 함께 감옥에 갇히기도 했다. 그 모습은 다른 사도들에게도 크게 인정을 받게 된다.

"내 친척이요 나와 함께 갇혔던 안드로니고와 유니아에게 문안하라 그들은 사도들에게 존중히 여겨지고 또한 나보다 먼저 그리스도 안에 있는 자라"_ 롬 16:7

특히 그들은 바울보다 먼저 예수님을 믿었지만, 바울의 영적인 권위를 인정했던 겸손한 자들이다. 교회 초기부터 있었던 그들의 변함없는 모습은 자연스레 사도들에게 알려졌고, 사도들이 함께 사역하고 싶은 자들로 여겨졌음을 알 수 있다.

교회 안에서 신앙생활을 한 지 오래된 직분자들 중 함께 사역하기에 힘든 자들이 간혹 있다. 자기 주장만 앞세운 채 인정받기를 원하는 마음을 내려놓지 못하는 이유 때문이다. 그런 면에서 안드로니고와 유니아는 좋은 본이라고 할 수 있다. 한결같이 겸손하게 사역하며 주님의 몸 된 교회를 섬기는 모습은 주님께 크게 칭찬받아야 할 것이다.

"사람이 교만하면 낮아지게 되겠고 마음이 겸손하면 영예를 얻으리라"_ 잠 29:23

4) 암블리아

로마서 16장 8절에는 사도 바울이 자랑한 또 한 사람이 나온다.

"또 주 안에서 내 사랑하는 암블리아에게 문안하라"

'암블리아'는 로마에서 흔한 이름으로 황제의 가문에도 있었던 이름이다. 바울은 '주 안에서 내 사랑하는'이라는 말로 그에게 특별한 애정을 가지고 있음을 표현하고 있다. 이는 그가 바울과 주 안에서 아름다운 교제가 이루어졌음을 알 수 있다. 또한 암블리아가 사도 바울과 공적으로만 만난 것이 아니라 바울의 사역에 크고작은 일에 영향을 끼쳤음을 알 수 있다. 순수하고 사심 없는 모습을 가졌기에 바울의 특별한 사랑을 받는 동역자가 되었을 것이다.

많은 성도들이 직분에 대한 욕심을 품고, 사람들에게 인정받아 목회자의 사랑을 독차지하려고 할 때 그 결과가 오히려 좋지 못하게 끝나는 경우를 본다. 진정으로 주님의 제자가 되면 마음에 다른 사심이 없다. 주님의 뜻을 이루어 드리기 위해 사역하는 목회자와 마음을 합하고 힘을 다해 동역하므로 풍성한 열매를 얻게 되는 것이다.

5) 우르바노와 스다구

전북 김제 지역에 최고 부자였던 조덕삼과 그 집에서 머슴으로 일하던 이자익 청년이 최의덕崔義德, 테이트선교사를 만났다. 그들은 복음을 듣고 주인과 머슴이 함께 세례를 받고 그리스도인이 되었다. 주인 조덕삼은 머슴 이자익의 재능이 뛰어남을 알고 공부를 시켰고, 이에 감사한 이자익은 주인 조덕삼을 더 정성껏 섬겼다. 그러던 중 교회에서 조덕삼과 이자익은 함께 집사로 임명받게 되었다.

이후 교회가 부흥하여 장로를 선출하게 되었다. 그런데 놀랍게도 금산교회 설립자요 이자익의 주인인 조덕삼 집사를 제치고 머슴 이자익이 장로로 선출되었다. 선교사를 통해 당선 결과가 발표되자 장내는 웅성거렸다. 그때 조덕삼 집사는 발언권을 얻어 이렇게 말했다.

"우리 금산교회 교인들은 참으로 훌륭한 일을 해냈습니다. 저희 집에 일하고 있는 이자익 집사는 저보다 신앙의 열의가 대단합니다. 여러분, 감사합니다."

조덕삼 집사는 자신의 머슴 이자익 집사가 먼저 장로가 되는 것을 기꺼이 받아들였고, 후일에 장로가 된 조덕삼 장로는 이자익 장로를 평양으로 유학 보내 목사가 되게 했다. 이후 1915년 금산교회로 청빙하여 자신의 담임목사로 깍듯이 섬겼다.

초대 교회 때에도 교회 성도의 70퍼센트는 노예 혹은 노예 출신이었다고 한다. 우르바노 역시 로마의 노예였지만 바울의 동역자로 복음 사역에 참여했다. 그리고 대사도 바울의 동역자가 되었다.롬 16:9

또한 바울이 사랑한 '스다구'라는 이름은 초대 교회 당시 귀족의 비문에 나타나 있는 것으로 봐서 황제의 가족에 속한 자라고 전해지기도 한다.

하나님의 일을 하는 데는 차별이 없다. 세상에서 출세하지 못한 자도 쓰임을 받을 수 있다. 그렇기 때문에 세상의 높은 지위를 가진 자일수록 더욱 겸손하게 주님을 섬겨야 한다. 하나님이 자신에게 주신 세상의 지위를 통해 더욱 적극적으로 복음 사역에 동참해야 한다. 오직 복음의 열정으로 하나가 될 때 수많은 영혼들이 주님께 돌아올 수 있는 것이다.

6) 아벨레

사람들은 인정받는 것을 좋아한다. 그러나 무엇보다 주님께 인정받는 것이야말로 최고의 영광이며 기쁨일 것이다. 이 땅에서의 영광은 잠깐이지만, 주님께 인정받게 되면 영원히 귀한 존재로 여김을 받기 때문이다. 오늘날 교회에서 사람들에게 칭찬과 박수를 받더라도 그것이 주님 앞에서 인정받지 못하게 되면 한낱 신기루에 불과한 허상일 뿐이다.

아벨레는 주님께 인정받은 자이다. 단지 열심히 섬겨서 인정받은 것이 아니다. 아벨레에 대해 성경은 '그리스도 안에서 인정함을 받은'롬 16:10이라고 말한다. 헬라어 '톤 도키몬 엔 크리스토'의 '도키몬'은 시련을 통해 연단을 받았음을 의미한다. 시련이 오고 연단이 와도 흔들림 없이 주님을 신뢰하고 복음 전파의 열정을 이어가자. 그리스도 안에서 인정받은 아벨레처럼 말이다.

7) 아리스도불로의 권속, 나깃수의 가족

아리스도불로는 헤롯 왕의 손자이며 아그립바의 형제였다고 한다. 로마에 살고 있던 그의 집안 사람들이 복음을 받아들였고, 그들은 복음의 증인으로 동역했다.

그리고 나깃수는 한때 로마 황제 밑에서 권력을 휘둘렀으나 네로 즉위 후, 네로의 모친의 미움을 받아 처형을 당한 자라고 한다. 나깃수의 권속인 가족과 노예 일부가 복음을 받아들였고 이들 역시 복음의 증인의 일을 감당한 것으로 여겨진다.

이들에 대해서는 로마서 16장 10-11절에서 기록되어 있다.

"그리스도 안에서 인정함을 받은 아벨레에게 문안하라 아리스도불로의 권속에게 문안하라 내 친척 헤로디온에게 문안하라 나깃수의 가족 중 주 안에 있는 자들에게 문안하라"

복음의 능력은 당시 도무지 허물 수 없을 것 같은 철옹성도 무너뜨렸다. 그리고 주 안에서 한가족이 되어 바울의 동역자가 되었다. 아직도 복음을 듣지 못한 가족이나 거부하는 자들이 있다면, 그들을 포기하지 말라. 그들도 어느 날 아리스도불로의 권속, 나깃수의 가족처럼 될 수 있음을 확신해야 한다.

8) 드루배나와 드루보사

드루배나와 드루보사 자매롬 16:12는 귀족의 자녀들로, 쌍둥이인 것으로 보고 있다. 그 당시 예수님을 믿는다는 것은 여러 가지 어려움을 각오해야 했다. 귀족이기에 풍요로운 생활을 누리며 평안하게 지낼 수 있었지만 그들은 수고하며 헌신했다.

오늘날 교회 성도들 중 헌신을 전혀 모르는 자들도 있다. 오래 전 어떤 직분자가 맡겨진 사역을 제대로 하지 못하는 것을 보며 잠시 쉬는 것이 어떻겠느냐고 말하자 그는 이렇게 말했다.

"다른 사람들이 보는 눈이 있으니 직책은 그대로 가지고 있어야 하지 않겠습니까?"

그 형제는 직책을 자신의 경력과 벼슬로 생각했던 것이다.
순장은 진정한 제자가 되어야 한다. 단지 예수 믿고 구원받는 것으로 만족해선 안 된다. 그런 자는 주님의 제자가 아니다. 주님의 손발이 되어 머리 되신 주님의 뜻을 받들어 섬기는 자가 진정한 제자다. 드루배나와 드루보사는 그들 이름의 뜻처럼 주 안에서 진정으로 '우아하고 화사한' 삶을 살았다고 할 수 있다.

9) 버시

바울은 자신의 동역자들에 대해 '사랑하는'이라는 수식어를 붙이고 있다. 그러나 '페르시아 여인'이라는 뜻을 가진 버시에 대해서는 또 다른 수식어를 덧붙이고 있다.

"주 안에서 많이 수고하고 사랑하는 버시에게 문안하라"
_ 롬 16:12

'주 안에서 많이 수고한'이다. 버시가 온 마음을 다해 주님을 섬긴 것을 바울은 잘 알고 있었다.
교회 안에 직분자들 중에는 유별나게 사람의 눈을 의식하는 자들이 있다. 이들은 수고하고 열심히 하는 것처럼 하지만 실제로는 조금 일하고도 뒤에서는 사역이 힘들다고 불평한다. 그리고 자신이 다른 사람보다 많이 헌신하고 있다고 은근히 자랑하기도 한다. 진정으로 섬기는 자는 사람을 의식하지 않는다. 그래서 언제나 조용하게 섬긴다. 섬긴 후에도 칭찬을 기대하지 않고 마땅히 할 일을 한 것이라고 여긴다.

> 부름받아 나선 이몸 어디든지 가오리다
> 괴로우나 즐거우나 주만 따라 가오리니
> 어느 누가 막으리까 죽음인들 막으리까
> 어느 누가 막으리까 죽음인들 막으리까

우리가 자주 부르는 찬송가다. 버시가 살았던 시대에 이 찬송이 있었다면 버시의 애창곡이 되지 않았을까!

10) 루포와 그의 어머니

> "안디옥 교회에 선지자들과 교사들이 있으니 곧 바나바와 니게르라 하는 시므온과 구레네 사람 루기오와 분봉 왕 헤롯의 젖동생 마나엔과 및 사울이라"_ 행 13:1

니게르라 하는 시므온은 예수님의 십자가를 대신 짊어진

구레네 사람 시몬과 동일 인물이다.눅 23:26 그가 훗날 안디옥 교회의 교사가 되어 섬긴 것을 알 수 있다. 루포에 대해서는 구레네 사람 시몬의 아들이라는 주장이 힘을 얻고 있다. 루포와 그의 어머니에 대해 언급하고 있는 것으로 볼 때 바울과 깊은 관계가 있음을 알 수 있다.

> "주 안에서 택하심을 입은 루포와 그의 어머니에게 문안하라 그의 어머니는 곧 내 어머니니라"_ 롬 16:13

자신을 친아들처럼 돌보아 준 루포의 어머니에게 바울은 가족 이상의 따뜻한 사랑을 느꼈을 것이다. 구레네 사람 시몬이 예수님의 십자가를 지고 옮긴 것은 자원함이 아니었지만 그가 그 일을 행함으로, 그의 온 가족이 예수님을 믿고 복음을 받아들인 계기가 되었음은 부정할 수 없다. 하나님은 그의 섬김을 귀하게 보셨고, 복음이 구레네 사람 시몬의 모든 가족들에게 전해진 것이다.

성도들은 거룩한 영향력을 전이시켜야 한다. 그 첫 번째 대상은 자신의 가족이 되어야 한다. 자녀들이 신앙생활을 어떻게 하고 있는지 돌아보며 나 자신의 영적 상태를 점검해 보자.

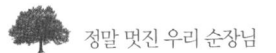

오래 참아 주신 순장님, 정말 감사해요

장규란

우리 순장님은 10여 년 전이나 지금이나 변함이 없어 보입니다. 외모도 그렇지만 속사람도 그때나 지금이나 흔들림 없이 늘 그 자리에 계시니 제 마음에 큰 위로가 됩니다.

처음 순장과 순원으로 만나 순모임 예배를 드릴 때 저는 영적인 미숙아였습니다. 해피 타임에서 예수님을 구주로 영접하기는 했지만 영혼에 대해서는 별 관심도 없었습니다. 교회는 살면서 힘겨울 때 내게 보탬이 되면 좋고 아니면 할 수 없고 하는 마음을 품고 있을 때이니, 저 때문에 순장님의 고충이 이만저만이 아니었을 것을 지금에서야 짐작합니다.

직장 다닌답시고 순모임을 가볍게 여겼고, 순장님은 그저 순모임을 인도하는 분 정도로만 생각했습니다. 배타적인 성격 탓에 누군가가 내 삶 깊숙이 간섭하고 위로하려는 것에 거부감을 가지고 속마음을 털어놓지 않았습니다. 나이도 많고 내 인생은 내가 알아서 헤쳐 나가야지 누굴 의지하면 창피하다는 생각에 순장님과 깊이 교제하기를 꺼려했습니다. 오히려 세상에서 만난 친구나 선배들에게 어려움을 이야기하고 도움을 얻고자 했습니다. 어떤 사람이 내게 유익을 주는 사람인지 분별하지도 못하는 어린아이였지요.

살면서 제가 가장 힘겨운 시기를 만났을 때, 3주 동안이나 찾아오신 순장님의 심방에 문도 열어 주지 않고 예민한 반응을 보였던 적이 있습니다. 매몰차게 밀어내도 순장님은 여전히 "기도할게요. 잘될 거예요"라고 오히려 위로하고 격려해 주었습니다. 저의 냉대에 마음이 상하셨을 만도 한데, 한결같은 온유함과 자상함으로 기다려 주신 순장님께 지금은 깊이 감사하고 있습니다.

제 영혼이 예수님을 인격적으로 영접하여 하나님의 큰 은혜를 경험하고 보니 새벽을 깨워 기도하는 순장님의 모습이 하나님을 사랑하는 마음의 크기와 비례한다는 것을 깨닫게 됩니다. 이제는 저도 그 모습을 닮아가고자 노력하고 있습니다.

순장님의 모습은 많은 것을 사모하게 했습니다. 새벽 시간에 자녀들을 깨워 늘 하나님께 예배 드리는 모습을 사모하게 되었고, 남편의 영혼을 위해 눈물로 기도하는 모습을 사모하게 되었고, 모든 것 위에 예배를 우선시하는 모습을 사모하게 되었으며, 물질의 어려움 속에서도 흔들림 없이 하나님 앞에 변함없는 모습으로 섬기는 것을 사모하게 되었습니다. 직장생활을 하면서도 시간을 들여 교회를 섬기는 일을 게을리하지 않는 모습에도 은혜를 받고 도전을 받았습니다. 몸 여기저기가 아파 힘겨울 때도 모이기를 힘쓰라는 말씀에 순종하며 교회 대청소를 꼬박꼬박 하는 모습을 보면서 '아! 하나님 나라는 이렇게 섬기는 것이구나' 하고 깨달았습니다. 그 섬김의 모습을 닮아 보려고 어느 순간부터 애쓰게 되었습니다.

제자훈련을 시작할 때만 해도 세세하게 순장님께 마음을 열지 못하던 제가 하나님의 말씀을 확신하면서 순장님의 섬김이 얼마나 가치 있고 빛이 나는 일인지 알게 되었습니다. 그 사랑에 감사해서 눈물로 순장님을 안아 드렸던 일은 지금 생각해도 가슴이 뭉클해집니다.

그 후로 언제든지 작은 일에도 순장님께 상의하고 기도 부탁을 하면 "네, 기도할게요, 힘내세요, 잘될 거예요" 하며 축복하시는 내 인생의 듬직한 순장님이 있어서 저는 행복합니다. 남편의 영혼이 잘 되도록 기도의 방향을 잡아 주신 점에 감사 드립니다. 그리고 저보다 더 많은 기도로 섬겨 주신 것에 또 감사를 드립니다.

제 영혼에 관심을 가지고 잘되기를 바라며 저를 위해 긴 시간 눈물로 기도하신 순장님의 영혼 사랑의 섬김이 헛되지 않도록, 하나님 앞에서 최선을 다하는 사람이 되도록 노력하겠습니다. 제가 받은 사랑에서 멈추지 않고 저도 나누는 사람이 되도록 노력하겠습니다. 항상 순장님과 순장님의 가정을 위해 중보기도를 하고 돕는 자가 되겠습니다. 무엇보다 어떤 환경에 있든지 하나님을 신뢰하고 의지하는 자가 되도록 노력하겠습니다.

지난 시간 순장님과 순원으로 함께했던 많은 일들을 거울 삼고, 변함없는 모습으로 하나님을 사랑하며 살아가시는 모습을 본받아 항상 하나님만 경외하는 삶으로 순장님의 섬김이 더욱 빛나도록 하겠습니다.

예수님을 인격적으로 영접하기까지는 오랜 시간이 걸렸지만 순장님과의 만남이 하나님의 철저한 간섭하심인 것을 믿으며 하나님께 감사의 찬양을 올립니다.

또 누구든지 제자의 이름으로 이 작은 자 중 하나에게
냉수 한 그릇이라도 주는 자는 내가 진실로 너희에게 이르노니
그 사람이 결단코 상을 잃지 아니하리라 하시니라 마 10:42

부록

순장서약서
자기평가서

아이콘

순장서약서

1. 나 _____는 우리 주 예수님 앞에서 이제 순장이 됨으로써 주님과 주님의 교회를 위하여 최선을 다해 봉사할 것이며, 나에게 맡겨 주신 양 무리를 내 몸과 같이 아끼면서 목양할 것을 서약합니다.

주소 : _____

전화 : (집) _____ (직장) _____

휴대폰 : _____ E-mail : _____

2. 순장으로서 아래 일들을 충실히 시행하겠습니다.
   (   ) 그리스도인으로서 부끄러운 일이나 죄 되는 일은 삼가겠습니다.(주초문제 등 포함)
   (   ) 매일 일정 시간 기도생활을 하겠습니다.
   (   ) 성경의 가르침대로 살겠습니다.
   (   ) 성경적인 십일조생활을 하겠습니다.
   (   ) 교회의 영적 지도자들의 지도에 충실히 따르겠습니다.
   (   ) 성령의 인도하심을 따라 살겠습니다.
   (   ) 매주 순장훈련 모임에 꼭 출석하겠습니다.

일시 :   년   월   일

서명 : _____

오직 한 번뿐인 인생 속히 지나가리라.
오직 그리스도를 위한 일만이 영원하리라!
우리는 땅 끝까지 이 세상 끝 날까지 그리스도의 제자들이다.

*사랑의교회 훈련부 제공

자기평가서

NO	항목	점검
1	늘 같은 방법으로 진행하는가	
2	나는 순장으로서 권위를 내세우지 않는가	
3	스스로 자신이 순장으로서 적합하지 않다고 여기지는 않는가	
4	가르치는 내용과 관계 없는 일(행동)을 하는가	
5	순원이 말할 때 집중해서 잘 들어주는가	
6	순원 수가 적다고 성의없이 가르치지는 않는가	
7	순원이 반발한다고 불평하지는 않는가	
8	팀이나 다른 순장과 비교하여 불평하지는 않는가	
9	순원의 비위를 맞추려고 하지는 않는가	
10	순원에게 불쾌감을 주는 일을 하지는 않는가	
11	남녀를 차별하지는 않는가	
12	순원의 요구사항을 무시하지는 않는가	
13	순원을 첫인상으로 판단하지는 않는가	
14	다른 순원과 비교하는 말을 하지는 않는가	
15	자기가 모르는 것에 대해 아는 체하지는 않는가	
16	시간이 없다는 이유를 핑계로 질문을 거부하지는 않는가	
17	순원이 질문하고 있을 때 집중하고 있는가	
18	시간에 밀려서 공부를 어중간한 상태로 끝내는 경우가 없는가	
19	시간에 늦거나 빠지고서는 변명하는 경우가 있는가	
20	끝나는 시간을 함부로 늦추는 경우가 있는가	
21	허겁지겁 준비도 없이 공부에 임하지는 않는가	
22	감정을 나타내거나 자주 흥분하지는 않는가	
23	큰 소리로 나무라지는 않는가	

NO	항 목	점검
24	자기만 아는 신학적 용어나 전문 용어를 쓰지는 않는가	
25	순원 중 특별한 사람만 칭찬하는 경우가 있는가	
26	칭찬하는 말이 항상 똑같지는 않는가	
27	교재를 그냥 읽어 나가지는 않는가	
28	자기 자신에 대해 푸념하지는 않는가	
29	몸 상태가 좋지 않다는 것을 겉으로 나타내지는 않는가	
30	가르치는 중에 다리를 떨거나 손을 산만하게 움직이지는 않는가	
31	입 혹은 옷에서 냄새가 나지는 않는가	
32	단정하지 못한 옷차림을 하고 다니지는 않는가	
33	화려한 화장이나 액세서리를 하지는 않는가	
34	말을 장황하게 하지 않는가	
35	예화를 전혀 사용하지 않거나 부적절한 예화를 사용하지는 않는가	
36	순원과 눈을 마주치지 않고 말하지는 않는가	
37	순원에게 자신을 평가하는 기회를 주는가	
38	숙제 및 훈련상태를 점검하는가	
39	순원을 위해 기도하고 있는가	
40	1주일에 개별적으로 접촉하거나 통화하는 편인가	

*사랑의교회 훈련부 제공

국제제자훈련원은 건강한 교회를 꿈꾸는 목회의 동반자로서 제자 삼는 사역을 중심으로 성경적 목회 모델을 제시함으로 세계 교회를 섬기는 전문 사역 기관입니다.

아름다운 이름, 순장

초판 1쇄 발행 2012년 3월 15일
초판 13쇄 발행 2022년 9월 23일

지은이 배창돈

펴낸이 오정현
펴낸곳 국제제자훈련원
등록번호 제2013-000170호(2013년 9월 25일)
주소 서울시 서초구 효령로68길 98(서초동)
전화 02)3489-4300 **팩스** 02)3489-4329
이메일 dmipress@sarang.org

저작권자 (C) 배창돈, 2012, Printed in Korea.
이 책은 저작권법에 의해 보호를 받는 저작물이므로 저자와 출판사의 허락 없이
내용의 일부를 인용하거나 발췌하는 것을 금합니다.

ISBN 978-89-5731-564-4 03230

※ 책값은 뒤표지에 있습니다. 잘못된 책은 구입하신 곳에서 교환해드립니다.